若者よ、アジアのウミガメとなれ

講演録

加藤順彦

解説
加藤順彦は、「あきない人」である

田中泰延

「春夏冬　二升五合　大阪城」と書かれた湯呑み茶碗を見たことがあるだろうか。わたしはこの文字を目にするたびに、ある男が、今この瞬間に何をしているだろうかと考える。

1988年の春だった。わたしは18歳だった。大学生になったわたしは大阪から上京して、一人暮らしをはじめたばかりだった。

多くの18歳がそうであるように、わたしも何も考えずに東京の街を歩いていたのだが、

ある日、同じ大学の同級生から声をかけられた。以前からお互いに顔も名前も知っていた男だったのだが、突然、

「おれは今、ある人の指示で、使える学生を探しているんだ」

彼はそう言った。わたしは、使えるとはなんだ、どういう意味だと尋ねたかったが、なおも彼は「とにかく、一度、渋谷にあるおれたちの事務所に来てくれ」と続けた。

事務所とはなんだろう？　学生が渋谷に事務所？……ますますわけがわからないが、わたしは一週間もしないうちに渋谷に出向いていた。若さゆえの好奇心としか言いようがない。

「やっと来たな」

この事務所の代表だという男がいたずらっぽく笑って言い、最初に声をかけてきた学生

の左隣の机にわたしを座らせた。すると、わたしのさらに左隣に座った女が、小さな紙の箱を差し出した。開けるとそこには、ある会社の名前と、わたしの氏名が印刷された小さなカードがぎっしり詰まっていた。どうやらそれはわたしが人生で初めて手にする「名刺」のようだ。しかしどう考えてもそんなものを頼んだ覚えはない。が、間違いなくそれはそこにあった。左隣の女は嬉しそうに言った。

「はい受け取った。今日からあなたはここの社員」

さらに、正面に座った見知らぬ男が、わたしが座らされた机を指差して

「これからそれがお前のデスクな。よろしく」

と言った。

こんな馬鹿な話はない。

代表だと名乗る男、金野索一。わたしに声をかけてきた右隣の男、高橋広敏。勝手に名刺を刷って渡してきた左隣の女、玉置真理。そして正面に座った川田尚吾という男。この連中が「使える学生」なのだろうか。その日から、彼らと机を並べる生活が始まることになる。

金野索一は、いかにも〝策士〟といった顔つきをしていて、彼の名前の索一という漢字を書くとき、わたしたちはいつも〝策一〟と間違って書いてしまうほどだった。高橋は、雑誌「メンズノンノ」のモデルのような二枚目で、玉置真理は東京大学法学部の一年生、美人東大生として雑誌やテレビにもよく取材されていた。川田は根っからの理系で、数字を交えてよどみなく話す男だった。

そこからは、まさに疾風怒濤の日々だった。「事務所」とは、ある大手企業が学生だけに仕事を任せた事業部、というものだった。その事業部には学生しかいないのに、何らかの利益をあげているのである。いまでは考えられないが、80年代の終わり、日本が世界で最も豊かな国で、使っても使っても企業にお金が余った時代、というのはそういうものだったのだ。

仕事の内容も決まっていなかった。この事業部を創設した企業が掲げた、ただひとつの目標は、「学生の目線で、学生しか気がつかないような儲け話をみつけて、学生だけで利益を上げろ」という乱暴なものだった。これで大学生にオフィスとその企業の名刺、月給はもちろん、売り上げに応じたボーナスなど、社員と同じような待遇を与えていた。

わたしと同じように、「使える学生」としてスカウトされた10人ほどが働いていた。仕事は、毎日自分で考えてみつけなければならない。

誰もが知っている酒造メーカーに突然電話をかけて、「わたしたちは学生だけで企画をする集団です。とりあえず、1千万円を預けてください。今の学生に売れるお酒の商品開発ができます」とふっかけてみる。大手旅行代理店の本社にいきなり訪ねて行き、「サラリーマンであるみなさんは、大学生がほんとうに欲しがるグアム旅行がどんなものかわかっていません。我々が内容を考え、人を集め、添乗しますので、まず1千万円予算を組んでくださいと上から目線で話を持ちかける。とにかくなんでもイッセンマンと言ってみるのである。しかし驚いたことに、名だたる大企業が学生に大金を委ねて仕事をさせるのである。あとから振り返って、あれは「バブル」と呼ばれる状況だったとわかるが、その渦中にはそんな言葉はない。

我々が全員で取り組んだ最大の仕事は、新入学生たちに無料で配布する、東京中の大学サークルを紹介する雑誌の発刊だ。大学生が注目する、何十万部と配られるフリーペーパーに広告を出したい企業は多いはずだ。そのプロジェクトが始まると、事務所は昼も夜もない、異常な熱気に包まれた空間になった。学業はそっちのけだ。とうぜん、わたしも1年生の単位はほとんどなにも取得できない。

そしてわたしは、なぜ自分がそんなことに取り組むことになったのか知ることになる。

「誰がおまえたち〝使える学生〟たちを集めたか、その言い出しっぺに、大阪まで会いに行こう」

ある日、金野代表は言い、わたしたちは新幹線に乗った。

なにかオフィスのようなところへ行くのかと思ったら、着いたのは大阪・ミナミのディスコのVIPルームだった。そこで我々は妙に細身で、変なヒゲをはやした男と対面する。株式会社リョーマ　取締役　真田哲弥、と名刺にあった。噂には聞いていた。これが関西の学生を組織して株式会社を作ってしまった真田さんか。いちおう、まだ学生だというが、いったい何年生なのだというほど、わたしには大人に見えた。

「やっと来たな」

彼はいつか聞いたようなセリフをいい、まくしたてるように話し始めた。

…俺が使える学生を集めろと最初に言うたんや。ひとり頭のええヤツをつかまえたら、そいつは自分に似たヤツを連れてくる。そうやって集めたのが大阪の俺らと、東京のおまえらや。これから俺らが時代をつくるんや、俺らの中から東証一部に上場する社長が出るんや、おまえらは使える学生、いうて声かけられたやろ？　違うんや、おまえらは実は、「使われない学生」なんや、仕組みを変える人間なんや…

激しく酒を呷りながらの彼の言葉は、夢想にしか聞こえなかったが、酔いが回ったのだろう、彼自身、現実にいるのか夢の中にいるのか区別がつかないようで、話している途中で眠ってしまった。

すると真田さんの左右に寄り添うように座っていた二人が、話を継いだ。一人は、おだやかな仏像のような風貌をした人物で、名刺には、「株式会社リョーマ　代表取締役社長　西山裕之」とあった。こちらのほうが社長？と思ったが、どちらかといえばナンバーツー然とした態度だった。彼は座ったまま「まぁ、社長…いや、今は僕が社長か。真田は言いたいこと言ったら寝ますから」と静かに笑い、落ち着いた声で「いや、しかし、そういうことです」と言った。

もう一人が立ち上がり、わたしの方を向いた。

「おまえ、田中じゃーん？　大阪生まれやろ？　おまえは俺のこと知らんでも、俺はおまえの話を聞いてるで。さなさん寝てしもうたし、踊ろうや」

なぜ、「じゃーん？」のところだけ標準語であとは大阪弁なのだろうか。「マーケティング事業部　加藤順彦」という名刺をくれた筋肉質の彼は、大胸筋を強調する仮面ライダーのようなぴったりとした服を着ているが、巨大な黒ぶちメガネが仮面ライダー部分と合致していない印象だった。真田という人も西山という人も学生に見えなかったが、この人も大人にしか見えない。彼は踊り狂いながら機関銃のように喋り続けた。わたしは、大音響のディスコで絶叫して会話する人間をはじめて見た。

「加藤順彦さん…じゅんひこさんと読むんですか」

「よりひこや。そんなことより踊れ踊れ」

「踊るんですか」

「踊らな損や。踊れ。みんな猿や。踊って踊って猿になれ。真田さんも猿や。おれも猿や。おまえも猿や。人間は、サル山の猿や。そやけどサル山に生まれたんやったら、ボスザルになれ」

「ボスザル？　ボスザルになってどうするんですか？」

「ボスザルは、みんなの面倒を見るんや」

それが、わたしと加藤さんの出会いだった。

ディスコを出て、朝までやっている寿司屋に拠点を移した加藤さんは、湯呑み茶碗に書いてある文字を指差しながら「これ、なんて書いてあるかわかるか」と言った。

「春夏冬 二升五合 大阪城」

わたしが素直に、はる、なつ、ふゆ、と読み始めると加藤さんは

「商い　益々繁盛　大繁盛」

と読むんや、と言った。春夏冬で秋がないから「あきない」、二升でマスが二つだから「ますます」、五合は一升の半分だから「はんじょう」、大阪城は単に読み替えて「だいはんじょ

う」。

おれは代々商売人の家に生まれたんや、と加藤さんは言った。

大阪での、リョーマのメンバーとの対面を経て東京へ戻ったわたしたちの活動は加速した。おれたちは東証一部に上場する企業を立ち上げる。それも、仲間で協力し合ってひとつの会社を興すのではない。ひとりひとりが全員、別々に起業を目指すのだ。

不思議なことに、「金持ちになりたい」と考えていた者はひとりもいなかった。ただ、まだ世の中にないもの、だが世の中に必要な何かを作れば、自分の正しさが証明できるはずだ。そうすれば、少なくともだれかに「使われて」一生を終えることはない。贅沢ができるか、できないか、そんなことはあとから考えればいい。今だって寝ないで働いても楽しいじゃないか…。おれたちはひとりひとりがボスザルになって、仕組みを変えるのだ。そんな空気がさらなる熱狂を呼んだ。

だが、ある日わたしは、そんな夢のような話について行けなくなっている自分を発見した。そして4年生になり、最大手の広告代理店に就職を決めてしまったのだった。

90年代半ばとなり、かつての仲間たちが本当に起業したという話が伝わってくる。ある者は杉並区のアパートの一室でたった3人で会社を立ち上げたといい、ある者はすでに興した株式会社を倒産させてしまったという。わたしは、そんな噂を聞くたびに大企業でサラリーマンをしている安堵感と、なぜ自分もチャレンジしなかったのかという後悔、二つの相反する感情の中で揺れた。

そんな気持ちの中で、加藤さんの会社を訪ねたことがある。表参道交差点で信号を待っていたら、加藤さんが創業した「日広」という広告会社の看板をみつけたのだ。わたしは何の気なしに入って行った。すると、活気ある騒音に満ちたオフィスの真ん中で、仮面ライダーのような大胸筋を強調する服に黒ぶちメガネで絶叫しながら指示を飛ばす社長の加藤さんがいた。

「田中じゃーん！」

何年ぶりかわからないが、加藤さんはまるで先週も会っていたかのように、急に入ってきたわたしに声をかけた。

おれな、いま、業態を変えようとしてるねん。これからはインターネットの時代や。田中が勤めてるような大手の広告会社は、まだインターネットの可能性に気がついてないんや、いまならトップになれるんや、加藤さんはやはり機関銃のように喋った。

21世紀に入った。加藤さんの会社は、あの日の言葉通り、電通や博報堂がインターネットのことを何もわかっていない間に、日本で一番大きなネット広告会社になった。加藤さんの商いは大繁盛したのだ。

その後、わたしと机を並べた高橋広敏は、インテリジェンスという会社を立ち上げ、ほんとうに東証一部に上場し社長になった。東京の事務所の代表だった金野索一は、ボスザルを作る方法には政治という手段もあると考え、政治家を養成する学校を設立した。玉置真理はザッパラスという名前の会社で、川田尚吾はDeNAという会社、そして真田哲弥はKLab、西山裕之はGMOという会社で、それぞれが東証一部上場を果たした。

夢想は、夢想ではなかったのである。

だが、その中でも先頭を走っていたように見えた加藤さんは、挫折を経験する。ライブドアショックの衝撃の中で、自らの会社を手放すことになったのだ。

あの商いの人、加藤順彦が、手じまいをするのだろうか。

風の噂で、加藤さんがシンガポールに居を移したことを知った数年後。

「田中じゃーん！」

いきなりSNSで加藤さんが話しかけてきた。うれしさのあまり、大阪で再会する。

仮面ライダーのような大胸筋を強調する服を着て現れることは変わらなかったが、黒ぶちメガネはなくなっていた。コンタクトレンズに変えたんですね、と訊くと、コンタクトレンズの会社に出資している話が1時間始まってしまう。

数年ぶりに会っても、機関銃のように喋るそのスタイルは変わっていない、いや、むしろさらにエネルギッシュになっていて、いま自分が何に再チャレンジしているかを一気に何時間も語ってくれた。

それが、そのまま文字になっているのがこの本である。

「おれな、儲かることしかやらない加藤やねん」

だが、そう言い切るわりには、どこか優しさと大きさがその眼光に加わったように感じる。時間をかけて若者の夢を聞く。そして出資するのは、世の中の仕組みを変えて問題を解決したいという夢を抱いた者に限る、という加藤さんが自らに課したルールは、優しさと大きさがなければ貫けないだろう。

儲かることしかしない、という口ぶりは、むしろ、つい「意気に感じてしまう」自分を戒める言葉ではないか。

そしてわたしは、加藤さんが製作総指揮を執る映画の構想を聞かされる。『Fly Me to Minami ～恋するミナミ』。大阪を舞台に、夢を追う日本の若者と、香港の女性、韓国の女の子の人生が交差する物語で、マレーシア人に監督を務めてもらう映画だという。

そんなインディペンデントな映画が儲かるわけがない。やはり言っていることとやっていることが少し違う。だが、わたしはすぐにあることを理解し、手伝うことを決めた。

映画は完成した。わたしはこの映画を100回、観た。予告篇を作るためだ。わたしは泣いていた。わたしは理解したのだ。この映画は、日本を飛び出し、自分の願いと誰かの願いを重ねるために生きると決めた加藤さんの存在証明だ。

わたしはこの映画のために、街頭で配るフリーペーパーを作ることを企画した。映画に出てくる大阪の名所を巡り、ロケ地の紹介をする、観光案内にもなる雑誌だ。あの頃、学生に無料で配布する雑誌を夢中で作り、企業の協賛を得るために走り回った日々を、たった一人でもう一度やってみたくなったのだ。

その作業は困難を極めた。10万部を大阪の街を歩く人に無料で配るために、名だたる大企業を訪ねてお金を出してください、と頼んで歩くが、これは無名のインディペンデント映画だ。当然、資金繰りがうまくいかなくなりそうになり、わたしは加藤さんに、

「赤字になりそうです。こうなったら、わたしが貯金を下ろして補填します」

と告げた。すると加藤さんから返事が来た。

「身銭を切ってはいけない。おまえが損をしてはいけない。だが、諦めるな。誰かにこの映画に込めた気持ちが伝わる。その人はお金を出してくれる。だから、ペイするまで、諦

める な。

それが、商いや。」

そして雑誌は完成した。わたしはもう一度泣き、加藤さんの願いと自分の願いをすこしだけ重ねることができたことを喜んだ。

昨年、シンガポールの加藤さんを訪ねた。加藤さんは、前後にスケジュールがぎっしり詰まった中、一年中暑い熱帯のこの国の、眺めのいい場所を見せてくれようとして文字通り走りながら、汗だくになって案内してくれた。

彼がなぜ秋のないこの地に軸足を移したかわかった。加藤さんは、永遠の夏の中で、誰かのためにずっと汗をかいていたいのだ。

加藤さんは、秋のない人になったのだ。

加藤さんはこの講演録の中で言う。

『流れ星に願い事を言ったら願いは叶うと。なぜならば、願い事をいつも反芻している人にしか、流れ星が見えなくなる前に願いを繰り返し言うことはできないからです。』

加藤さんは、いまも毎日、若者に向けて機関銃のように喋っていることだろう。自らの願いと、若者の願いを重ねるための言葉を、飽きることなく繰り返して。

加藤さんは、飽きない人なのである。

幸運にも、この本を手に取った若者は、どうか願いをはっきりと言葉にして流れ星を探してほしい。そしてそれが、「金持ちになりたい」などではなく、「仕組みを変えて、みんなの面倒を見るボスザルになりたい」であることが、わたしの願いだ。

「春夏冬 二升五合 大阪城」と書かれた湯呑み茶碗は、いまも商売繁盛を願う人々の手の中にある。そして商いに生きる者たちは、今日も誰かに、この文字の意味を語り継いでいくだろう。

田中泰延（コピーライター）

はじめに

皆さん、こんにちは。
ご紹介にあずかりました加藤です。よろしくお願いします。
これから私がひとつ、皆さんの普段の生活では、あまり聞かない話をいたします。
普通か異常かと言うと、かなり異常な話です。

まず皆さんが貴重な時間を使って、学校でもないところで50近くのおっさんのお話を一時間以上聞くという状況が、既に、皆さんの日常とは違う選択であることでしょう。

ここに来るまでにそれぞれの方に経緯があったと思います。今日「ここに来ないか?」と先輩や友達、あるいは後輩に言われた、そんな方々も、そんな声を掛けてくださる友達もまた、皆さんのたくさんいる友達の中ではかなり「異常」な友達だと思いますし、そんなことに興味を持っている自分も、かなり、周りのご家族とか、高校の時の友達とか、地元の昔からの連れとかに比べると「異常」だと思いますけれども、そんな自分が今ここにいること自体、ぜひ受け入れてもらいたいと思います。

本日ここで私の話を聴かれた方々が、この異常な体験を通じて何かを得られた、と言ってもらいたいために一生懸命しゃべっていきたいと思います。

私は皆さんとほぼ同年代のときに、かなり人と違う異常な行動を取り、以来27年間、「普通」の人とは違うことをやってきたつもりです。

本日はこれから私の上手くいった経験、失敗と反省、そして気づきの話を聞いていただきますが、長い間ずっと思っていることは、「環境が人間を創る」っていうこと。熱く生きていくためには、自分をすごく熱く異常にさせることがものすごく大事なんだ、ということです。そしてそれは、かなり環境に依存されていると思っています。

ちなみに私の半生においては、私に良い異常体験を提供してくれた先輩や仲間は、以来自身にとってずっと、ある意味で己の「メンター」であり、自分がずっと背中を追ったり、競ったりしている人たちです。

生きていくことは選択の連続です。皆さんは若い。既に体験したことのあること、まだ体験したことのないこと、日常と非日常、普通と異常のいずれかの選択があるならば、私はぜひ皆さんに異常なほうを選んでほしいです。今までに選んだ道、既に上手くいっているやり方を選択することで得られることは「失敗しない」ことです。しかし、それ以上のものはありません。ドキドキすること、ワクワクすること、まだやったことのない経験からこそ、新しい発見、感動があるのです。

そういう意味で、本日もし、この異常な状況に誘ってくれた皆さんの友人がいるならば、その人をぜひ大事にしてほしいと思います。

もしかしたらその人が一生の仲間に、あるいは日々あなたの傍らで、生きていくことに刺激を与え続ける人になるのではないかと思っています。

第1章　環境が人間を創る

第2章　成長の尻馬に乗るということ

第3章　アジアのウミガメを創る

第１章
環境が人間を創る

〈人生の転換点〉

私は8年前からシンガポールで暮らしています。

なんでシンガポールで暮らすようになったのかと言うと、いろいろ悔しいことがありまして……。

ひと言で言うと、自分のやってたことが上手くいかなかったんです。上手くいかなくって、それを、ある意味で克服するために、自分が為し得なかったみたいなものを、海外に出て日本に刺激を与えることで為せるんじゃないかなと思ったことと、その背景に、私が感じた挫折の裏側にあったのは閉塞感でして、これを自分なりに解決できるのがアジアに出て行くことだというふうに思って、アジアに出ることでその決意を達成しようと思ったわけです。

自分は今49歳です。自分の半分の歳の人でも24歳なので、今日は3分の1ほどの17歳の人も、それ以下の人も来てるということなんで、ここでは本当にスーパーおっさんなんですね、すみません。

大阪生まれ大阪育ちで、大学に入ってから、刺激のある先輩が学校に現れまして、その人に巻き取られるような格好で大学生活を過ごしました。その後、自分で25歳の時に起業して、16年間、表参道で広告代理店をやってました。大変楽しい、刺激的で、かつ有意義な広告の仕事を長くやってたんですけど、続けられなくなる事情に苛まれまして、泣く泣く会社を手放して事業を辞めたというのが自分の大きな変遷です。

手放した後に、シンガポールに移住するという1つの大きなターニングポイントがあって、それから8年ほどシンガポールにいます。

去年からはジョホールバルという、シンガポールの隣にあるマレーシアの街に引っ越して、シンガポールとジョホールバルを行ったり来たりしながら、現在まで8年間は、東南アジアで起業する日本人の会社の資本と経営に参画するというスタイルで活動しております。

〈日本を外から揺さぶり、刺激を与えたい〉

さて、ここで皆さんに、本日最初で最後の質問をします。

「海外で起業して成功した日本人を誰か1人挙げてください」と言われたとき、皆さんはどの人物の名前を挙げますか?

ここに来られてる皆さんならば、いろいろな人がパッと頭に思い浮かぶと思いますが、実は私、この質問を2004年くらいにされまして、答えることができなかったんです。

1人も思い浮かべることができませんでした。

人生経験は結構積んでいたはずなのですが、それでもまったく思いつかなかったんですよ。

それはなぜか。一番の理由は、海外で起業した日本人というのがあまりいないからなんです。

もちろん、いるんですよ。いるのはいるんですが、常識にはなっていないんですよ。

本当に数えるほどしかおらず、ほとんどの人に知られていないというのが実態なわけです。

なので、当時の私は、答えられなかったことについて、ほとんど疑問も問題も感じていませんでした。

なぜなら、日本で成功するだけで十分ではないか、と当時思っていたからです。

しかし、２００７年頃に、このことは実は大変由々しき問題なのではないかと思い始めたのです。

そして私は「日本を外から揺さぶり、刺激を与える存在になりたい」と思い、シンガポールへ移住することにしたのです。

今は、多くの日本人から「あー、あの人は海外に出て起業して成功した人だ」「そうそう、あの人でしょ」と、先ほどの質問が出たときに、真っ先に名前を思い浮かべられるような起業家をつくりたいと思って活動しています。

日本を外から揺さぶり、
刺激を与える存在に
なりたい。

- 「大きな閉塞感」の存在
- **伸びるアジアとともに成長するという決意**

〈日本は外からの刺激を受けやすい〉

日本という国は島国であり、2700余年の歴史があるわけですが、これまでの長い歴史の中で、何度かにわたり、外部、外国との接触、圧力、交流によって、大きな歴史の転換点、パラダイムシフトが起こってきています。古くは百済との交易、遣唐使、元寇、黒船襲来……、第二次世界大戦もこれにあたるでしょう。

それは、日本という国が、どこの国とも国境を共有していない、別の国と繋がって接していない、ということにも関係してそうです。

アジアの多くの国々は、他の国と国境を分けあっていますが、乱暴に言いますと、これはお隣の国と仲があまり良くないからなんですね。

仲が良ければ、一緒の国になればいいわけですから。繋がっていけばいいのですが、いろんな人種がいて、宗教が違う、あるいはスタンダードが違う、善悪の判別の基準が違う、ということで1つの国としてはやっていけないから、国境があるのです。アジアでは偶然か必然か、多くの国が『一国一民族一言語』で国が分かれていますね。

けれども、日本は島国です。これまでの歴史の中で、たまに海を越えて大変な刺激を与えられると、それを糧にして、それこそ夜も眠れないほど参考にしてきました。違いを学び、取り入れました。先人たちは、そこから得た刺激を新しい時代の変化として取り入れようとしてきたのです。

さて、かたや私自身もまた、これまでの人生で、日本の国の中で、日本をなんとか内側からさらに良い、楽しい世の中へと変えていこうと悪戦苦闘してきました。ときに大きな失敗もしてきました。

そして、どうやればもっと新しい時代の世の中に変化や気づきを提供できるような人物になれるか、と考えた結果、２００８年に「外から刺激を与えられる存在になりたい」と思ったわけです。

先日、野球選手のイチロー選手が、メジャー通算３０００本安打を達成されました。日米通算では、世界一ヒットを打っています。賛否両論ありますが、日本国内だけでなく、海外でも高く評価されています。

日本では、イチロー選手のように海外ですごく評価された人に対して、急に見る目が変わって「おお、すごい！」とか、人によっては「おれは昔から、あいつはいけると思っていたよ」とか言ったりします。

これもまた、日本が外から与えられた刺激に対してかなり影響を受けやすい、という事例ではないでしょうか。そしてある意味、この事実こそ、私はこれからの世の中において、日本の人々が、日本人の海外での起業、事業の成長発展にきちんと関心を持つ、評価を与える方法として考えました。

ならば海外で起業し、成功した日本人をつくることによって、今の閉塞した日本の状況を少し変えることができるのではないか、という確信を持ったのです。

〈大学在学中に、起業に参画〉

私は１９６７年4月生まれで、大阪の『ぼんち』であります。『ぼんち』というのは、関西弁で『若旦那』。大阪は、日本で一番社長の息子が多い土地なんですよね。そういうわけで、社長も多い。私自身は、鋼材問屋の三代目として生まれました。つまり、社長の息子として生まれ育ったわけです。

それなのでなんとなく「将来は父親がやっている会社を継ぐのかなぁ」なんて思いながら、小中高は普通の学校に通っていましたが、大学は商売の勉強をしようと思い、関西学院大の商学部に入りました。

しかし、皆さんもご存知のとおり、大学というところは別に商売のことを教えてくれる場所ではありません。ですから、あんまり面白くなかったんですね。商いのことを学べると思っていたのに、実は全然違っていたことにショックを受けまして、いわゆる『五月病』みたいなものになってしまいました。

時は１９８６年、バブルの絶頂期だったので、一般的な大学生は勉強以外にもサークル活動や部活動、アルバイトとかキャンパスライフを謳歌していたのですが、自分にはどれも面白そうには思えなかったんですよ。

そんなとき、大学の掲示板に貼ってあった『関学甲南ウエルカムダンスパーティ』なるイベントの告知ポスターに目を惹かれたんですね。そして、そのポスターをろくすっぽ見ずに、学内活動かなと思って実行委員会なるものに入ったら、それは、ある方が個人的にやってるダンスパーティのスタッフ募集ポスターだったんですよ。それがわかったのは、だいぶ経ってからでしたが。

で、ダンスパーティは大成功したわけですが、その後、そのポスターを作った人にある意味で弟子入りしました。その学校の先輩、真田哲弥さんという方から「学生企業をやるので、手伝わないか」と言われたのです。

学生でありながら会社をやる、ということです。

何をやるかというと、運転免許合宿の斡旋事業をする、と。

運転免許は、皆さんお持ちになられてますか?

私が大学生の頃というのは、日本が世界で最も豊かだった、『Ｊａｐａｎ as No.１』の絶頂期でした。

私は全財産を投下して、大学入学前の春休みに運転免許を取っていました。全財産というのは、生まれてから18歳になるまでのすべてのお年玉の合計です。

そこまでして、なぜ運転免許を取ったかというと、当時の大学生、特に私のような私立大学に通う学生というのは、車に乗るのが当たり前だったからです。

当時の関西学院の学生は、基本的に学校の裏に駐車場を借りる、というようなバブリーな学校だったので、私も当然、大学に入ったら車がないとモテないよな、というふうに思って、大学合格直後すぐに免許を取っていたわけです。

ですから、真田さんとその中高の同級生で共同創業者の西山裕之さんが、大学生向けに免許合宿を斡旋するという商売を言い出した時に、「あ、そういえば自分もつい最近、持ってたお金投げ打って免許を取ったな。大学生相手に免許合宿の斡旋をやるというのは、いいアイデアではないか」と思いました。

そして商売の勉強もできるのではないかと思い、「これは、この船に乗ったろう」と思って誘いを受けたんです。

そして、1986年11月、19歳の時に、のちの『株式会社リョーマ』の原型となる『マイライセンス』という商売に参加しました。

私が何故参加したかといえば、それはもちろん商売の勉強もあったのですが、それ以上に、私にとって真田さんと西山さんの2人がすごくかっこよく憧れの対象であったんです。ですので、会社をつくる、あるいは会社の起業メンバーとして参加する、といったことは特に考えず、ただ男惚れというか、そういう純粋な気持ちで交ぜてもらいました。

で、この商売自体がどうだったかというと、なかなか良くて。

というのも、現在は大学生協が大きなシェアをもっている事業ですが、当時の大学生協は合宿免許の紹介斡旋をあまり一生懸命にやっていませんでした。というか、地方の自動車免許の教習所にて短期間で集中して授業や実地教習を受けること自体がまだ一般化していなかったんですね。しかもその仕組みを取り入れている自動車学校も、いまほどたくさんなかったんです。まだ商売としての実績も仕組みもこなれてなかったですし。

そして当時、運転合宿免許の情報だけでなく、映画の興行日程やライブの情報などは、インターネットなんてありませんから「プレイガイドジャーナル」とか「ぴあ」のような情報雑誌から得ることが主流でした。

私たちはそういった生活情報誌に「運転免許を取りましょう」という広告を出し集客しました。一人当たりの売上げはだいたい22万円から26万円で、利益は1万5千円から2万5千円くらいでした。

いま考えれば、まあ小商いでしたけど、我々が3人とも学生で、皆、運転免許合宿で免許を取ったという経験もあったので、ニッチではありましたが、優位性も、競争力もありました。

今と違って当時は、学生といえど男性ならほぼ全員が運転免許を持ち、そしてほぼ全員が車を持っていたんですよ、バブル全盛期でしたからね。

それに、自分たちも学生だというのも強みでした。

大学内の掲示板にポスターや割引券を貼ったり、ゼミの教室を回ってチラシを置いたり、結構めちゃくちゃなことをやってたんですけど、バレても……まぁちょっと注意されるくらいで済んでました。

もしこれを普通の事業会社の人がやってたら、警察に通報されますよね。

でも、自分たちなら「すみません」で済んでしまうんですから。無邪気なもので。

一番効率がいいのは、いろんな大学の中での販促活動を手伝ってくれる学生を学生スタッフと称して集めることでした。


3人で始めた会社でしたが、1年ちょっと後にはそんな学生社員もどんどん増えて10数名に膨れました。最初は自分たちの運転免許合宿の宣伝を大学の中でしていたのですが、それ以外の広告や販促の活動を関西の各大学内でやりますよといったら、そ

▲20歳。リョーマのオフィスにて。
（1987年9月　ライオンズマンション新大阪第3　1108号室）

ういう仕事が取れるようになったのです。実際に運転免許の合宿が決まっているので説得力抜群ですからね。次に新入生に向けたサークル紹介の無料誌を制作し、毎年関西一円の大学・短大の入学式で配布し、その誌面に広告を集めることも仕事になっていきました。

当時の我々は、いま思えばめちゃくちゃで、大学の入学式や新歓パーティでタバコやお酒のサンプル配ってたんですよ！　当時は問題にもなりませんでした。たぶん違法行為なんでしょうけど、当時はなんかゆるくて普通に配ってましたね。そんな仕事を2年くらいやっていましたか。おおらかな時代だったと思います。

ということで、電通や博報堂、リクルートの下請けの孫請けみたいな形で、広告代理店の真似事みたいな仕事がくるようになっていきました。業種としては、いわゆる若者向けマーケティング業というかプロモーション会社というか、そういった感じでした。

やってくうちに次第になぜ学生のそういうマーケティングの仕事が儲かるか、我々のところに来るかということも分かってきました。それは、もちろん世の中がバブルでお金が余っていたからなんですけど、そんな余ったお金がリョーマにまわってくるのは、我々自身が大学生だったからなんですね。

　そうこうしているうちに大学三年の1988年の秋には、私はリョーマの役員になり、親の会社を継ぐのか継がないのかみたいな話も現実的な課題になる頃になってましたが、もう当時の私はその会社、リョーマを運営することが、すごく楽しく思えてました。そうなってはもう完全に異常ですね、普通の大学生とはほど遠い。

　いま思うと、なんでそんな異常な状況になってたかというと、その真田さんと西山さん、2人の先輩がやっぱりかなーり異常な人だったからなんです

▲リョーマでの大学構内キャンペーンの模様。在校生主催のイベントに、広告協賛をつけることで、堂々とキャンパス内でクライアントの宣伝活動をしていました。もちろん大量に配置したサンドイッチマンのバイト代は0。僕は、この月から「学生」社員ただ一人の取締役に昇格しました（1988年10月　関西学院大学）

よ。若い私には、その２人こそが最も身近なスタンダードになってしまい、世の中のこうあるべきとか、これが普通だということが見えなくなってしまっていたのです。

私は、別に２人を盲信してたわけではないのですが、その学生企業という狂気の中に埋没してしまうと、そちらの方が普通になってしまっていたのです。

ていうか、私自身が関西中を駆けずり回って、自分と同じように活動する学生をかき集めていました。「リョーマに参加しないか」「何故リョーマに加わらないのか、こんなに遣り甲斐があるのに」みたいな。気がつくと20人以上の大所帯になってましたか。

▲22歳。リョーマでは、「学生」社員を勧誘／調達し、不眠不休の過酷で楽しいワーキングへ誘ってくのがメインの仕事。こういった宣材みたいなスチールも用意して、関西の雑誌やスポーツ誌に取材や掲載を自ら仕込んでいました。（1988年５月）

▲三つ目のリョーマのオフィス。遂に新大阪の駅前のオフィスビルに引っ越し。多くの「学生」社員が文字通り寝食を共にしていました。天井に貼られている売上垂れ幕が猛烈急成長〝指向〟企業を表しています。（1989年8月　新大阪末広センタービル5階）

▲平成二年（1990年）のリョーマの年賀状に、当時の会社の主要メンバーが映っています。中央のメガネが23歳の私。下段に西山裕之さん27歳。この写真には、既に中退していた西山さんを含め3名以外、全員「学生」社員でした。

そして私は、こんな狂気の中で生活していくうちに、今の仲間うちで、このまま皆でワイワイと商売をやっていった方が人生面白いんじゃないのかな、と思うようになっていったんですね。まあ、客観的にみるとカルトというか新興宗教に似ているというか、そのもののようなもんだったと思いますが。

かたや、普通の世の中は、私が大学三回生、１９８８〜１９８９年当時は大変な売り手市場で、大学生はどんな人でも5〜10社の内定をもらい、本命企業が固まったら、そこの内定拘束で就職活動解禁日前後はハワイやオーストラリアなどへ１週間旅行できる、というような時代のムードでした。

かたや、リョーマにいた20人は、驚いたことにほとんど全員がその後、オーナー社長か上場企業の役員をやってます。私はこれ偶然だとは全然思ってないんです。

私の行ってた関西学院は偏差値だと、〝中の中〟から〝中の上〟ぐらいのレベルの人が集まる私立大学でした。今もそうじゃないかな。この「リョーマ」という学生企業に居たメンバーは、だいたいそんな人たちの集まりで、特殊な能力がある人なんていうのは、極端な話、1人もいなかったと思うんです。

でも、「朱に交われば……」という言葉がありますが、人間っていうのは環境の生き物なんで、「それが普通だ」とか、「そうなるべきだ」っていうふうに、環境に置かれてしまうと、だんだんそっちのほうが自分にとって「普通」になっていくんです。で、だんだん気持ちが良くなってくるんです。つまり、どんな場に自分がいるかっていうことなんです。学生であることを活かせる商売を学生時代に皆でやって、学生ながらに商売をしてたんです。それが我々にとって当たり前であって「普通」だったっていうことです。そういうところに揉まれると、だんだんそっちが「普通」になって

- 意識高いことこそが大事。
- 環境こそが人間を創る。
- 異常な環境に育った人間にとって、異常な環境は普通。
- 貴方の隣にいる人は誰ですか。

いく。皆さんにとっても「普通」っていうのは、いわゆる社会の平均値ではなくて、どんな人と付き合っているか、どんな価値観の人の周りに居るかということが、自分にとっての「普通」になっていくんです。すなわち所属するコミュニティが自分自身を形成するということ、です。つまり本日は「普通の」閾値を上げてほしいって話なんです。

そして私はここにおられる方にＡＳＥＡＮに飛び出すのを「普通」に思ってもらえるのではないかということを期待して出てきているんです。

〈舞台は大阪から東京へ〉

私が大学4年になった1989年、その前年に東京へ飛び出していた真田さんから連絡をもらいました。

「今度、アメリカからダイヤルQ2というのがやってくる。それがこれから日本で大流行するから、これで商売を一緒にやろう」と。

今の方はご存知ないかもしれませんが、ダイヤルQ2というのは情報料金課金回収代行サービスのことです。0990で始まる番号に電話すると、通信料金の他に情報料金を課金する、というサービスで、これが当時アメリカで流行っていました。

新しく民間企業になったNTTが、電話線に音声を乗せて何分いくらとかで販売する以外の、いろんな商売を民間企業として始めようとして誕生した1番目の事業が、このダイヤルQ2だったんですよ。

真田さんから「アメリカではダイヤルQ2が大流行している、もう一兆円産業なんだ」といった煽りがばんばんあって、大阪にいた私たちもそれイケるんじゃないか!と思ったんですよ。

当時、既にＮＴＴによる伝言ダイヤルという、男女のマッチングに主に使われてたサービスがあったのですが、その状況を見ていたので「ああ、これはいける。これからはダイヤルＱ２の時代だ」と、リョーマの主要メンバーが次々と上京していったんですよね。

もう狂ってますよ。でも、私も含めて当時のメンバーがなんでクレイジーになってることに疑問を抱かなかったかというと、私の周りが皆、異常者だったからなんですね。つまり環境が異常であることというのは、自分を異常にさせる一番いい機会なんですね。

そして私も行こうとしたわけです。が、しかしこのとき、さすがに両親が引き留めてきたんですよ、「そんなつもりでお前を育ててきたんではない」ってことでしょう。そして、そりゃそうだ、って思いました。私の実家は、祖父の代から50年近く続いてきてる鋼材特約店でしたから。

ですから、東京へバイトに出て行くなら、まぁつまり親には新会社「株式会社ダイヤルキューネットワーク」には遊びの延長に見えていたようで、その前にちゃんと就職させようと思ったようで、いまのＪＦＥ商事さん、当時の川鉄商事への腰かけ入社が決まったのです。さっと決まりました。

腰かけってわかりますか？　親の商売の口コミで入る、ようはコネ入社のことです。そういったお膳立てをされたのですが、私はそれをうけても、なお、大学四回生の秋からちょくちょく東京へ出ていくようになりました。

しかし、当たり前ですが、普通に大学を卒業したら川鉄商事さんに入らなければいけない、というのは残ったままです。だけど私は、ダイヤルQ２の商売がしたかったので、ある計画を立てました。それは、４単位１教科だけ取り残し、１単位足りない状態にしたのです。そうすれば、大学を卒業できないので、川鉄商事へ入社することができませんからね。いわゆる計画留年です。まー、いま考えればデタラメです。ほんと親には迷惑をかけました。

翌１９９０年、私は『ダイヤルキューネットワーク』に役職を持って本格的に参加することにしました。その夏の終わりの上京時、私は懊悩の末、家業を継ぐことレールに乗ることを断ち切り、計画留年した大学5年でした。メンバーで東京の下目黒のレオパレスを一棟まるごと借りて一緒に暮らし、会社に通うようになりました。毎日、社用車で会社とアパートの往復でした。

私たちが立ち上げた会社は、日本で初めてダイヤルＱ２の専業企業だったんですけれども、『一番最初』というのが重要でしたね。

代表取締役社長は現在、ザッパラスの社長をやってる玉置真理さんが就任したのですが、東大１年生の女の子が社長ということで『美人東大生の女の子がダイヤルＱ２サービスでドーンと儲けてる！』『女子大生社長・ダイヤルＱ２・アメリカからやってきた』という感じで広報活動に精を出したところ、日本中のマスコミが取材にきて、２００以上のテレビや新聞、ラジオ、雑誌に報道されました。

その時期、私は会社のコミュニケーションメディア事業部の部長の仕事をやってたのですが、当時は毎週平均３〜４回マスコミから問い合わせや取材の依頼が来ていました。いわゆる、時代の寵児でしたからね。多くはダイヤルキューネットワークという会社の社長が「東大のハタチの女性だ」というのがおもしろかったから取り上げたのでしょうが、それでまぁ、その波に乗れってことで、マスコミがいちばん取材したくなるようないいネタを次々と仕立ててあげていってたんです。ダイヤルＱ２というのは結局、電話番号を認知して電話してもらってなんぼの商売だったので、結局一番かかるのは宣伝費だったんですね。

そんな中で、うまい感じでマスコミを使い、さまざまな媒体に取り上げてもらったことで、露出と事業を伸ばしダイヤルQ2とともにダイヤルキューネットワークという会社も伸びていきました。


この時は、もう本当に面白かった。めちゃくちゃ面白い。

上京してきてからの1年くらいは、1日15〜20時間とか働いてました。まさに不眠不休。若かったので、思い切り無理できたんでしょうね。

〈『急成長』というのが、世間は怖い〉

ダイヤルQ2は、真田さんと西山さんが言っていたように、すぐ日本中で大ブームとなり、市場規模もあっという間に大きくなりました。

ゼロ市場だったのが、わずか2年ほどで1000億円市場になったんですよ。中でも、特に人気だったのは『男女の出会いをマッチングする』ダイヤルサービスでした。要するに、男が電話すると女性と話をすることができる、というやつです。これが大ブームの火付け役となったんですけど、それと同時に国会で問題にもなったんですね。

「それはけしからん」とPTAも騒ぎだし、社会問題化してしまったんです。

ただ、それはただのきっかけに過ぎなかったと思います。

社会問題化した一番の理由は『急成長した』というところにあったと思います。

世間の人々いうのは、とにかく急成長そのものが怖い。特によくわからないものが急伸することに防衛本能が働く。短期間にゼロから1000億円規模になったこと自体に、怖くなるんです。

そして、その後には「急成長し過ぎでけしからん」という、いわば防衛本能が働き、次第にヒステリックなまでに、その成長そのものに対して感情的に攻撃してきます。

そんな感じで世間からの風当たりが強くなったことで、どうなったかというと、NTTが自主規制に踏み切ったんです。

実際に何をしたかというと、資金の入金サイクルを変えたんですね。

それまでは『月末締めの翌々月10日払い』でコンテンツプロバイダーにNTTから入金があったんですけど、それが『翌々々々月10日払い』に変更したんです。

今までは2ヶ月後に支払っていた情報料金を、突然130日サイトで支払うと言ってきたんですよ。

突然、そうなると、資金体力のない会社はすべて潰れます。

我々の会社、ダイヤルキューネットワークは当時、『ツーショットダイヤル』と呼ばれていた男女のマッチングサービスはやっていませんでした。

他にも真面目な情報を提供する会社はいっぱいありました、丸紅さんとか伊藤忠さんとか。

というかむしろ、真面目な番組を流している会社の方が多かったんですよ。

例えば、今年の稲刈り情報とか来週の天気予報とか。

ダイヤルキューネットワークでは、プロレスの試合結果を流したり、雑誌と組んで女子大生のプロフィールが聴けるもの。アニメやドラマの新作情報、アイドルのファン向けの番組なんかもやっていました。

国会やＰＴＡで問題になるようなことはまったくしていなかったので、「あらあら、大騒ぎになってるけど、これからどうなるんだろうね……」という感じで、自分たちは大丈夫だろうと思っていたんです。

しかし、すべての会社の回収サイクルが一律で伸びたことにより、ダイヤルキューネットワークも潰れることになってしまったのです。

当時、情報通信用のコンピューターのバケモノみたいなものを、数億円でリースを組んで導入し、さらに全国5カ所のセンターにリース機械も入れていたのですが、入金がないのでリース会社さんにお金が払えない。

「回収サイクルを伸ばしてしまえば、中小の会社は潰れてしまうだろう」というNTTの思惑通り、ダイヤルキューネットワークはあっという間に資金繰りに詰まり、潰れてしまったんです。

〈大卒1年目に倒産、そして転職を経験する〉

私が大学を卒業したのは１９９１年の３月。そのままダイヤルキューネットワークで管理職として勤務を始めていました。1年後くらいには上場するんじゃないかな、なんて思ってましたから。

しかし、同年４月末にＮＴＴから回収サイクル変更の通達があり、会社はあっという間に倒産です。当時の私はもう、すごくびっくりしましたよ。青天の霹靂。

私はもう、ただだらしなく一人悔し泣くしかありませんでした。

当時のダイヤルキューネットワークは70人を超える大所帯になっていて、しかも学生社員はもう5、6人しかおらず、他はマスコミの報道を見て「俺も働きたい！」と言って北は北海道、南は九州から集まってきた普通の人たちだったんですよ。私はそのとき、とんとん拍子で来ていた自分の人生が瓦解するのを、自分の体験として受け止めることができませんでした。もう、放心状態です。だって今まで、毎月1億、2億の売上げがあった会社がですよ、利益も出て売上げも伸びていたのに、ＮＴＴがちょこんとそういったことをやったら潰れてしまうんですからね。あまりにもあっけなくて。

NTTがその通達を出したら、銀行もリース会社、情報番組の制作会社さんも突然お金を回収しにきましたよ。まあ、そりゃそうだと思いますが、もちろん支払いなんてできません。一巻の終わり。もちろんあっという間に、同業者もあれよあれよとわんさかと潰れていきました。

あっという間にルール変更でグシャと会社が潰れてしまったわけですが、それよりも、我々の会社の経営成長を信じて普通に就職してた人に申し訳ないなぁ……と思いましたね。私たちはいいんですよ、これはいいと自分で思って始めたわけですから。

私たちは異常者、でも入社してきた人たちは、普通の一般の方だったので、なんか、しっくりときませんでしたね。就職したばっかりの会社が倒産するんですからね。

私の部署には部下が7人いました。1番年上の人で47歳、高校3年生のお子さんがいました。部下は皆、私より年上で、私は彼らになんの責任も取ることができませんでした。

我々、会社を始めてしまった者たちの責任なわけですからね。壊れてみて、初めて、すごくとんでもないことをしてしまった、という悔恨、というか鈍器で後頭部を殴打されたかのような痛みを感じました。

それで思ったのは、会社経営は怖いな、ベンチャーは恐ろしいなということ。自分たちの力の及ばぬところで勝手にルール変更され、ものすごく理不尽に潰されることがあるんだなと思いました。

突然潰れてしまいましたが、その後も毎日毎日いろんな人から、それこそ全国からダイヤルＱ２の電話番号にユーザーさんからかかってきてました。その状況は、会社が潰れる前と別に変わらない、ダイヤルキューネットワークが潰れたことを、電話してきたユーザーの方は知らないんです。

その1ヶ月後、１９９１年5月末に、徳間書店さんが会社の事業を引き継いでくださり、私はつくっていただいた新しい会社徳間インテリジェンスネットワークの方に転籍しました。

大学を卒業して就職して、そしていきなり転職、数奇なものです。しかも、私の場合は人身御供ですから。自分らでやっていた事業をなんとか続けていきたい、もうドナドナ状態ですね。子牛が市場に連れて行かれる、そんな感じでしたが。

とにかく自分のやっていた事業を続けようと思ってました。なんかいろんな意味で悔しかったので。しかも、うまくいってましたし、利益も上がってましたし、儲かってましたからね。会社は潰れたけど、ニーズがあったことは明確でしたし。

だから続けてやっていこう、ということになったのですが、ダイヤルQ2自体が社会問題になってた状況は続いていました。

当時は「となりのトトロ」「紅の豚」などを制作するスタジオジブリが、徳間書店の事業になっていましたし、徳間書店自体も児童書とかを作っている。そんな中で、ダイヤルQ2という世間で問題になってる事業を子会社でやっていいのか、というのが、おいおいに議論として社内であがってきました。まあ、問題になっているのは、ダイヤルQ2を悪用した連中なんですけど、同じように思われて問題視されてしまったのです。そして結局、私も転籍したのですが、1年ちょっとで私が担当していた事業、私が連れていった担当事業は終了することになってしまったんですよ。

〈会社をつくることが『当たり前』の環境にいた〉

ある意味、自分の連れ子みたいな感じだったダイヤルQ2の事業が終了したことで、私はアイデンティティーを失い、徳間を出ようと思っていました。

なんのために徳間に転籍したんだ、そういえば自分は経営者を志していたんだ、ベンチャーを始めるために東京に出てきたんだ、ということを思い返しました。

でも、もう大阪に戻って普通に会社には就職したくはなかったし、親にはダイヤルキューネットワークに出資してもらっていたので、その会社が潰れたことも言えずにいました。

前後して、私は船井総研のセミナーなどで「ダイヤルQ2ビジネスのノウハウを語る」講師みたいなことも少しやっていたのですが、その関係でいろんなギリギリなことを含め、Q2を上手く使って商売している方々の友達がいっぱいできたんですね。そして男女のマッチングを電話回線を使って行う、いわゆる『ツーショットダイヤル』をやっている皆さんとも友達になったんです。

皆さん堅気の一般人で、もちろんヤクザ屋さんではない。で、ところがですね、ツーショットダイヤルをして大儲けしてると、普通にやるともう氏素性が丸見えになっちゃうんですよ。なんでかと言うと、儲かってる会社というのは皆、雑誌広告を出すからなんです。だから、雑誌を見ればここがもうすぐ儲かってくるなというのがわかるんですよ、売上げの多い会社は即ち広告の量が違いますから。そうすると、もういろんな余計な人たちが会社を訪ねてくるんですね。とにかく、日本中からそういった筋の悪い人たちもお小遣いをせびりに来ちゃう、と。

そんな背景もあってか、ツーショットダイヤルをやっている人たちから「お前、徳間を辞めるんだったら、広告の商売をやらないか。俺たちの代わりに広告買ってきてくれ」と言われたのです。

「雑誌広告には正しい住所も電話番号も載せたくないし、できれば広告を掲載する雑誌発行元の出版社にも自分たちの素性を明かしたくない。だから広告を買ってくるのをお前やってくれないか」と。

いろいろと話を聞いていると、出版社からツーショットダイヤルの広告を出すとか、そういう広告枠を手配してくれれば十分だということがわかったんです。なんとなく、経験のない私にもできそうだな、と。友人たち、つまりお客さんの要望に沿って、お金を払って広告枠を仕入れてくれればいい、それが広告代理店なんだというのはわかりました。

で、徳間を退職し、１９９２年８月に有限会社日広という名の雑誌広告専門の広告代理店をなんとなく適当に始めました。抵抗もなく、特に問題意識なく、目標もなく、「じゃあ、会社はじめっか」っていうことで始めたんです。だから、特に創業の志も、理念もありませんでした。

この会社をつくったとき、私は25歳でした。この年齢で会社をつくるというのは、世間的に見ると『異常』なことに映るかもかもしれませんが、私がいた環境の中では『普通』なことだったんですね。あとになって、冷静に考えると、関西学院の同級生の中で25歳で会社をつくった人っていうのは、同級生の中では、親が会社の経営者であってそれを継ぐという経緯である人でない限りは、多分、統計も何もないですけども、その学年では私１人だったんじゃないかと思うんですよね。

なぜこのような異常な行動を自分は取り続けることができたのか、それは「人間というのは、環境の生き物」だからなんですね。

異常な行動をするような人たちの中に自分が入ったら、実は自分がその異常な行動をしても、その環境の中では普通なので、自分が異常なことをしているということに気づかないんですね。

会社をつくったり、集団上京したり、朝から晩まで狂ったように働いたりすることは、私たちのコミュニティでは普通のことだったということです。

〈なぜかわからないまま、売上げはどんどん伸びる〉

日広という広告会社は、こんな経緯でつくったもんですから売上げは最初からついていました。大きな規模でツーショットの広告を今まで出していた大手2～3社が早々に広告予算を渡してくれたんですね。彼らの代わりにいろんな出版社に金を払って、主に雑誌媒体、エロ本やレディースコミック、グラビア誌なんかに広告枠を取って、それを売る、という仕事なので、もう目処がついていました。だから初月から仕事ができて、とんとん拍子で仕事が増えるようになったんです。

ちょうどその時期にツーショットダイヤル産業自体が大きくなっていた、というのもあったと思います。私は別に、広告会社を経営するノウハウなんてものは持っていませんでした。それでも、お客さんがとにかく広告出稿を必要としていたので、その広告を仕入れてくれれば、売上げもどんどん伸びていくわけですよ。多いときには月に500ページくらい取り扱って儲かりました。

なぜ、ポッと出の25歳の私のつくった会社がめちゃめちゃ儲かったかというと、大手の広告会社はツーショットの広告をやりたがらなかったからなんですよ。

ツーショットの広告は儲かるっていうのは皆知ってましたし、講談社も集英社も光文社も皆レディースコミックを出版してました。もちろんエッチなグラビアを乗せた雑誌にはツーショットの広告がたくさん載っていました。

でも、電通も博報堂も、いわゆるツーショットダイヤルの広告産業には踏み込んでこなかったんですよ。

「あんなのは広告じゃない」「あんなのをやったら身が落ちる」という感じで、プライドが高かったからなんですね。

ですから、『モーゼの十戒』のように、そこは私のために道が開かれていたんですよ。人が避けている、蔑んで見る業界に自分がいたから、そして大手が参入してこなかったからめちゃめちゃ儲かったわけです。

だけど、当時の私はそれに気づいてなかったんですよ。

「なんで俺はこんなに儲かってるんだ?」「大手の広告会社はなんでツーショットの広告を

やらないのかな」と思っていました。

ただ、自分がそんなにたいしたことなくても、成長産業の追い風をつかむと伸びるんだ、すごいなと思いましたね。そして成長企業のインサイダーというかステークホルダーになれれば大きくなれる可能性があるんだ、世の中はよくできているなって思いました。そしてよくよく考えたら、どんな商売でもそうだな、と思うようになっていきました。

〈既得権益という壁にぶち当たる〉

ところが突然、1995年の夏頃に、限界がきたんですね。

ツーショットダイヤルをやっていた会社というのは、当時年商100億円とか200億円とか稼いでいたんですよ。

私のお客さんたちも、どんどんお金持ちになっていきました。

すると、だんだんと山っ気が出てくるんですよね。

ツーショットで儲かっているけど、子供にも会社の事業内容は言えないし、従業員を増やそうにも……だし、ならば事業を多角化しよう、と。

それに、こんな商売は長く続かないと、まあ……さすがにバカではないんです。

そうすると、「新しい商売をやるんで、ジャンプの表4を買ってきてよ」とか「フライデーのセンター見開き買ってきてよ」とか、エロ本ではなく、世の中の人が知っている広告スペースの要望を受けるようになっていきました。

私も雑誌広告の代理店だったので、「いいですよ」と引き受けたものの、そういうスペースはどうやって仕入れたらいいのかわからなかったので、出版社を訪ねていきました。「表参道で広告代理店をやっている加藤と言いますが、少年ジャンプの表4を売ってもらえませんか」と。

いわゆる『雑誌広告料金表』みたいなのを見ると、少年ジャンプの表4、すなわち裏表紙は定価が450万円とか書いてあります。

そうなると、定価を支払えば、そのスペースを買えると皆さん思われますよね。

ところが、これが買えないんです。定価どころか、前払いでも、倍払っても、10倍払ったところで買うことはできません。

他でも……読売新聞やフジテレビの広告枠を買おうとしたら、「日広さんという会社は聞いたことがありません。今まで取引実績がありません」と言われ、取引ができませんでした。要するに「そこは電通が買うということが20年前から決まっている」と、言われちゃったんですね。定価がいくらとか、そういうこととは関係なく、そこは電通さんの買取スペースだというのが決まっていたらしいんです。

そうなんです。他の出版社さん、他の雑誌、それにテレビもラジオもよくよく聞くと、料金表は存在しているのに、その料金払っても買えないスペースがあると、それも無尽蔵にあるとだんだん気がついてきたんですよ。

あまりに理不尽な気持ちになって、私はある経営者の先輩に「社長、うちの会社、お客さんの要望通りのメディアを仕入れることができなくなっちゃったんですけど」と相談しました。

すると「それはそうだ。加藤君、広告業界って始まって100年以上経ってるんだよ。先に広告の商売をしてた人たちが、業界のルールを決めてるわけだから、始めて数年のあなたが紳士協定のところに入れるわけないでしょ」と。

つまり、先にやっていた人たちが後からきた人と同じ土俵では戦いたくないので、いろいろと理屈をこねくり回して同じ土俵で戦えないようにする、すなわち、世にいう既得権益がそこにあったのです。

〈成熟産業には成長の限界があることに気づく〉

皆さんは、いろんなところでこの『既得権益』という言葉を聞いたことがあると思います。私は広告会社を始めて3年経ってようやく「世の中、お金で解決できないことがあるんだ」ということがわかったんです。

ベンチャーの身分では、ちゃぶ台をひっくり返して大騒ぎしてもなんの意味もない、影響力もない業界だ、ということに気づいたわけです。

そして『既得権益』は、絶対に踏み超えることができない大きな壁だったんです。つまり、限界がある。

このとき、私は世を儚みました。

俺の会社って、絶対にある程度のところ以上にはなれないじゃないか、と。

なぜなら、広告会社というのは、広告枠を仕入れないと売上げは伸びません。

ということは、売上げを伸ばそうと思ったら広告スペースを仕入れないといけませんが、人気のあるスペースや結果の出るスペース、広告主さんが欲しがるスペースというのは、既得権益で大手広告会社が独占しているので、私が頑張っても、どうにもこうにもならない状況だったんです。

成長には限界がある、ということを知り、こんな成長に限界のある産業にいて意味があるのか、と思ったわけです。

いや広告業界だけじゃなくて、ありとあらゆる商売が、先にやってる人が有利になってました。例えば業界団体も、先にやった人がだいたい理事の席を占めてるわけです。新たに商売始めても、後発では業界団体に入っても「一般会員」とか「賛助会員」みたいなところで、なかなか理事会には出れるような立場にはなれない。これはどんな商売でもそうなんですね。

〈既得権益のない新しい市場で勝負する〉

その気づきのことを私の周りの結構いろんな経営者のかたにボヤいていました。

そしたら、ある先輩からこんなことを言われました。

「加藤ちゃん、よく考えろ」と。

「今、大きく成長している企業があるのはルールのない業界だけだ」「新しい商売をやっている会社は、皆、好き勝手し放題に自由に成長しているよ」

その当時、テンポラリーセンター（今のパソナ）とか、光通信、日本ソフトバンク、ミスミ、日本電産、東日本ハウス、インテリジェンスとか、あるいはアスキーとか新日本工販（今のフォーバル）とか、当時伸びている会社がありました。

「加藤ちゃん、全部新しい商売、新しい業種だからね」と。

確かに、ついこの間まで、人材派遣の業界、パソコンソフト流通業界というのはなかった。

そういう会社、つまりめちゃくちゃ伸びてくる会社というのは、揃いも揃って業界ルールのない会社だと、ルールのない産業なんだ、と。

ルールがないというのはどういうことか、それはつまり偉い人たちがいない、業界団体、つまり勝ち組がよくわからない、まだ定まっていない業界なんです。業界の歴史が新しすぎて、まだどうやれば大きくなれるかという定石がない産業だと。すなわち自分たちがルールメーカーになれるチャンスがあるわけで、自由に伸びることのできる業界なんですね。

ただ、ルールができた段階で既得権益層というのはできるから、どんな業界も必ず古くなります。だから、成長したいのなら新しい商売を始めなければいけないんだよ、とも先輩からは言われました。

そして翻って「そうか！　雑誌広告の商売というのは、成熟した商売なんだ」と気づかされたんです。

成熟産業では、どんなに頑張っても先に上にいる業界リーダーの皆さんが業界のルールを作っているから、そのルールを変えない限りは動かない業界なんだということもわかりました。だから、最初から一定の場所に決まったもの、これは上の会社かルールメーカーでなければ成長は望めないということ、その成長の限界を示しています。

私は、ベンチャーを起こすのなら、新しい会社を始めるのなら、既にルールがあるところよりも、これからできる新しい市場をつくる側、ルールメーカーになれる産業を自分で見つけなければいけないということに、気がついたのです。

そして、私はインターネット広告という新しい市場で勝負することにしたのです。

〈インターネットが新しい産業になると直感する〉

私が壁にぶち当たった１９９５年、その気づきのあった年というのは、マイクロソフトの新しいＯＳ『Windows95』が発売された年でした。

この、それまでのパソコンの操作性をはるかに凌駕した『Windows95』がもたらした最大の副産物がアメリカからやってきた新しい情報通信のネットワーク『インターネット』だったんです。

今、皆さんが当たり前のように使っている『インターネット』は、１９９４年にアメリカで商業用にも本格的な利用が始まり、翌年日本へ入ってきたんです。

私はＩＴが好きだとか詳しいとか、そんなことは一切ありませんでしたが、インターネットを見た時に思いました。

「あ、これはダイヤルＱ２だ。いや、これは新しい情報通信産業だ」と。

インターネットの仕組みは、正直まったくわかりませんでしたが、インターネットなるものがあるということを知った段階では、電通も博報堂も参入してきてなかったんですね。

でも、ここに新しい広告市場が生まれるはずだ、というのは感じました。そして、それはおそらくホームページに皆、広告を掲載するようになるだろうなとも思いました。

「だったらリーダーになれる可能性がある。既得権者がいないということは、少なくとも取引実績がないからといってYahoo!が取引してくれないということはないんじゃないか」と、割と安易な考えで雑誌広告からインターネット方面に乗り換えよう、と決めたのです。

〈大手が参入できない市場こそがベンチャーの活躍の場〉

しかし、なぜ電通や博報堂といった、大手広告代理店は、１９９５年当初にインターネット広告に本格参入してこなかったのでしょう。

私は、（１）マーケットが小さい、そして（２）買い占めができない、ので、直感的にすぐに参入してこない、と踏みました。

（1）マーケットが小さいと、生産性の工数が合いません。私のやっていた日広のような5、6人の会社であれば、一生懸命やって成果があって、生産性が上がればいいですが、例えば電通は2万人の従業員がいる中で「頑張って売るぞ」とやっても、テレビ広告で一受注２０００万円とか５０００万円とかなるところが、当時 Yahoo! のトップページの広告を売っても50万円にしかならない時期でした。電通さんは、今も昔も30歳くらいで役職のない人だったら年収１０００万円くらいです。

そんな人に50万円の枠というのは、取り組む価値がない、間尺が合わないんです。

すなわち、まだ本気で売るには時期尚早ということで、ある程度のマーケットサイズになるまでは、大手は参入してこなかったんですね。パイが小さいから大手が参入するメリットはないので入ってこれないと考えたのです。

まだページビューそのものが小さかったからなんですけど、売上げが小さいということは、それだけで大手にとっては参入障壁になるわけです。だから、ここは私たちのようなベンチャーの独壇場になる可能性があると感じました。

(2) 日広がそれまでいた雑誌広告は、日本の広告業界というのは、買占めができました。少年ジャンプの裏表紙というのは1ページしかない。ゴールデンタイムというテレビの時間帯がありますが、夜7時台の巨人戦のナイター中継の中で流せるスポットCMの本数というは最初から数が決まっていました。つまり、買占めされていた、と。お金がある人が買い占めるのだと。電通、博報堂、すなわち既得権益層が全部買ってしまっていて、しかもその状況はもう何十年も変わっていませんでした。私はそのシキタリに痛い目にあっていたんで、逆にインターネットの広告枠ももし買占めができるんだったら、ベンチャーにもう勝ち目はないなとも、思いました。

当時はヤフージャパンのページビューは1日100万程度でした。理屈ではその当時は全ての広告枠をも買うことができました。ところがインターネットはそれ自体が急成長しているので、明日はどれくらいのページビューがあるかもわからない、そう1ヶ月後広告の枠の数がいくつになるかというのもわからない。

これはすごい。先ほどからお話ししてましたとおり、それまでのメディアだと買い占めができたんです。それは全体の量が決まっていたからです。ところがインターネットというのは膨張する、すなわち増え続けるので、すべてを買い占めること自体ができない。だとすれば、電通、博報堂はおそらくある程度、勢いが観えるまで買い占めようとするのを待つのでは……、つまりインターネット広告の市場に参入してこないのでは……と思ったんですね。

そして私は、勇気を出して創業以来やってきた成人誌などの雑誌広告の商売を、２年かけてほぼゼロにすることに挑みました。

実際、１９９７年には16億円の売上げがありましたが、１９９９年には9億円ちょっとの売上げに落ち込みました。

雑誌広告を売ると軽く1ページ２００万円で売れるところを、めちゃめちゃ苦労して

Yahoo!にバナー広告を1ヶ月載せ続けても40、50万円にとかにしかならず、生産性が激落ちしたからです。

挙句、「インターネットは訳がわからない。ついていけない」と社員も半分は辞めました。

「社長、意味がわかりません」と、いや実は私もあんまりよくわかってはいませんでしたが……。

NIKKO ネットへ切り替えた99年～06年の売上推移

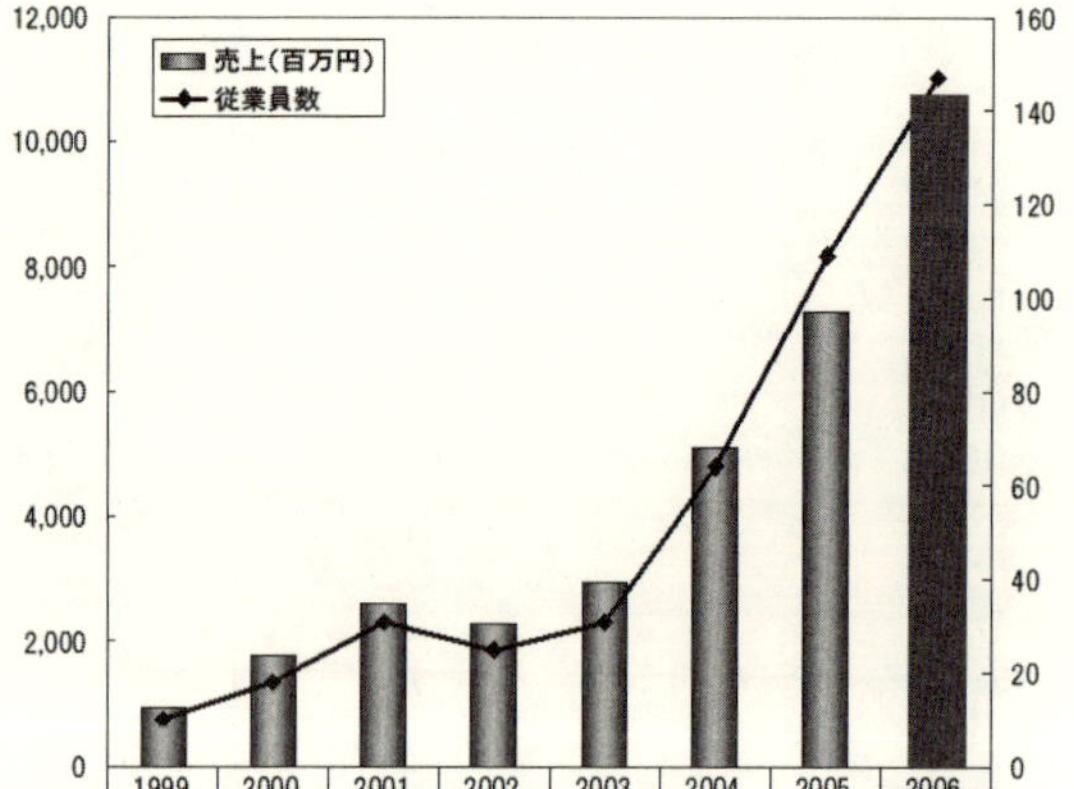

	1999	2000	2001	2002	2003	2004	2005	2006
売上(百万円)	941	1,779	2,599	2,268	2,948	5,100	7,300	10,280
従業員数	10	18	31	25	31	64	109	147

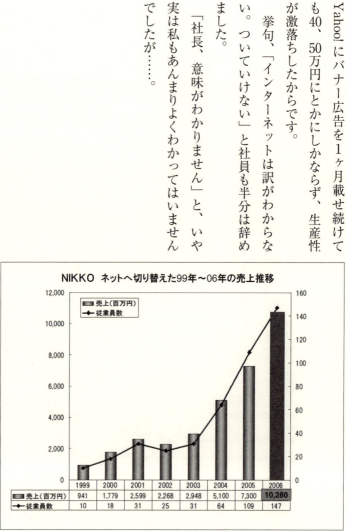

第２章
成長の尻馬に乗るということ

〈時流に乗ったら、売上げが伸びていった〉

その後、結論から言うと、日広はポーンと伸びました。

2006年の段階で社員数が150人くらい、売上げで120億円くらいまで行きました。

2003年を過ぎたあたりからは、昨対120％ずつくらい伸びたんですよ。

広告業界というのは、ここ20年くらいはずっと6～7兆円産業で、国内のマーケットというのはずっと変わっていません。

しかし、何故この頃の日広のような伸びる新興のネット系広告会社があったのでしょう。

それはひとつにインターネットそのものがわけのわからないシロモノだったから、と言えます。

世の中のものごとには、そして商いには白と黒があります。そして、その間にグレーゾーンがあります。ここで言うグレーゾーンにあたっていた当時のインターネットは、既得権益層の皆さんから「どうも訳がわからん、それは敵か味方か、彼らの利益の大半を占めるテレビやラジオを脅かすものなのではないか、あるいは自分たちのビジネスモデルそのものを否定するものではないか」とおおかた思われていました。

メディアや広告の世界だけではありません。多くの産業の主軸を担っていた既得権益層すなわち多くの大企業の人々は、インターネットは訳がわからん、それをやることによって自分たちの商売を貶めるんじゃないかと思っていたのです。

そんな中で、アメリカで、ヨーロッパで、中国で同じ現象が起こりました。

私のお客さんには、インターネット・サービス・プロバイダーもいました。当時の私のお客さんは名も知れぬ小さいところばかりでした。

親方日の丸のＮＴＴもまたその事業自体を否定あるいは疑問視していました。それが自分たちの商売を脅かすものではないか、そもそも電話というものは通信時間と距離で料金をとられる。遠くにかければ料金がかかり、近ければ安い。たくさんつなぐと高くなり、ちょっとしかつながないと安い。それが今までの常識でした。

ベルの、エジソン以来の、通信のルールが、そういう業界団体のルールが残っていたんで、業界団体の決めたルールを凌駕するようなものが現れたら困る、ということですね、先の話になぞらえると。だから、そのルールに従わないものというのは、是か非かといえば非なんです。さもなくば、無視するしかない。

私たちにとっての業界大手というのは、電通や博報堂でした。日広という会社はたいへん成長しました。我々の当時のライバルはサイバーエージェント、セプテーニ、オプトという会社でした。しかし、なぜサイバーエージェントや日広が黎明期に大きく伸びたのかというと、大手が来なかった、ということです。しかもブルーオーシャンでした。

非常に自由に成長できる産業なんだという最大の理由は、その産業よりも大きなプレイヤーがイノベーションジレンマに巻き込まれることを怖がって参入してこなかった、ということなんです。

もう一つは、インターネット広告が他のメディアのパイを取ったからです。

インターネット広告が伸びて、かたや私が一番得意だった雑誌広告の市場は20年間で3分の1になってしまいました。

かたや、インターネット広告は、20年間変わっていないマーケットのパイの中で、今やテレビ広告を追い抜くぐらいの大産業になりつつあります。

おそらく、あと数年でインターネット広告の市場規模はテレビ広告の市場規模を超えるのではないかと思います。

今は約1兆円くらいだと思いますが、私がインターネット広告を始めた頃、１９９６年頃のマーケット全体のサイズは15億円くらいしかありませんでした。

何が言いたかったかと言うと、なぜ日広という会社が大きくなったのか？　それは、その後のインターネット広告産業全体が大きくなったからなんです。

私が優秀だったわけでも、日広の社員が優秀だったわけでも、また素晴らしい顧客に恵まれたわけでもありません。

インターネット広告の産業が伸びて、その成長の尻馬に乗ったら、日広も勝手に成長した、ということでだけです。

これは、あらゆる産業で言えることです。

伸びている会社、すごく成長している会社というのは、今はインターネットがあるのでいろんなところで紹介されていますよね。

そのほとんどすべてに共通しているのが、『産業全体が伸びている』という点です。

最近でいうと、電気自動車の部品メーカーとかがすごく伸びていますが、『電気自動車』という産業は昔はなくて、今猛烈に伸びています。

テスラの新型の『モデル3』というのは、発売わずか1週間で1兆円近く売れたらしいですね。

そんなに売れたら、そりゃあ部品の会社だって伸びますよ。

だって、ついこの間までマーケットがなかったわけですから。

それが「新型のテスラが新しいの、出しましたよ」と、ドンと1兆円も売り上げたら、テスラに部品を納品している会社は、ゼロがいきなり100とか200になるわけで、当たり前の話なんですよ。

そういう意味で言うと、インターネット広告に限らず、成長という点ですごく大事なのは「メガトレンドを意識すること」だと思います。

同じ話を繰り返します。大事な点。

つまり、追い風をつかむこと成長の波に乗ることというのが、企業の成長において最も重要なことなんです。その会社が多少ダメでも、社長がボンクラでも「その産業にぶら下がっている限りは伸びまっせ」ということを自分なりに体感したのです。

ベンチャーとは産業全体が成長しているところでしか、成長できない、ということを私は再び強く感じたのです。

何故NIKKOが短期間に急成長できたのか。

- それはインターネットの広告産業自体が急成長したから。
- 追い風を掴む、成長の波に乗る、ことがいかに大事であるかを、身を持って体験。

〈成長の尻馬に乗ること、それ以上に大事なことはない〉

つまり、ベンチャーにとって、あるいは新しい商売をつくるという観点において大事なのは成長の尻馬に乗ることなんですね。

皆さんが頑張ることではありません。伸びる業界を見つける、ということが一番大事。ある意味、これ以上に大事なことはないんですね。

伸びている産業であれば、皆さんがヘタレてても、家で寝ていても、その産業自体が伸びるので、アホばっかりでも伸びますから。

よく考えてみれば、インターネット以前も、ありとあらゆるベンチャーと呼ばれる会社は、新しい市場の作り手、担い手でした。

つまり先ほど言ったように、既に業界団体があるような産業が、既にその業界の大手と呼ばれているような会社があるところに戦ってはいけないんだということを私は知ったわけです。

日広という会社は小さな会社でしたが、私はビットバレーと当時言われていた渋谷中心で活動していく中で、私と同じように、あるいは私よりももっと頑張った方々が、東京渋谷でインターネットのベンチャーをやれば、大手の競合にならず、自由に堂々と成長できる新しいネットビジネスのマーケットに乗れるんだ、ということで１００、２００、３００と多くの企業が東京渋谷に現れました。

一方で、ものすごく優秀な人が集まっても、衰退産業にいたら、どんどん衰退していきます。

なぜならば、パイが小さくなっているからです。

パイが小さくなってるから、昨対を維持するのも一苦労。

なぜなら、縮んでいくことがトレンドになっているからです。

縮んでいくトレンド、向かい風がガーッときているのに、一生懸命頑張っても後退していくだけで、前になんか進めるわけがありません。だからすごく大事なのは、自分がどうやって追い風に乗るか、なんですな。

〈ベンチャー企業に投資をし成長とともに歩む幸せを実感〉

2000年~2005年、そんなネット企業の創業者たちの渦、私はその中で、広告の商売をやったんですね。そして私たち日広は、彼らがネットビジネスを大きくするにあたってよりユーザーを増やさなければならない！　宣伝をやろう！　という商談を一生懸命つくりました。

日広がこの時期に大きくなった背景には、お客さんがすごく増えたということがありました。一番伸びた2003年から2004年頃は、年に200社以上もの新規得意先とのお取引がありました。そしてほとんど全部ベンチャー、新しい会社です。

なぜ大手広告会社と取り合いにならなかったかというと、それは回収リスクがあったからです。電通や博報堂は帝国データバンクで出てこないような新しい会社は、回収リスクが大きすぎて取引をしないんですね。でも日広は、その会社がやろうとしている商売の意味がわからなくても、リスクを取っても、この会社は伸びる、この会社は伸びないというのが見極めることができたんです。

ところが昔からある広告代理店は、そもそもこのネット企業が何をしようとしているのかすらわからなかった。つまり、よくわからないのでビジネスができなかったんです。サイバーエージェントやセプテーニが伸びたのも、実は同じ理由ですね。彼らはネットビジネスがわかっていたんです。だから、ネットビジネスをやろうという広告主を増やすことができたんですね。その当時、大手は意味がわかってなかったので、ネット企業の広告取扱いに参入できなかった。そこがまた我々が成長できた理由にもなるのです。

私はこの時に、いろんなことを知りました。

渋谷で、私の周りには、「今日会社を辞めます。社長、私は来月起業します！」「私、こんな会社で事業を大きくしたいんです！」といった感じでいろんな人がいました。

しかし、皆、金がないんです、若い人は。そこで、「よしわかった！　じゃあ俺が金出したる！」と。広告代理店は、広告をお客さんの代わりに仕入れてきてお客さんに売るという、非常に単純な商売ですけど、お客さんの会社が潰れても仕入れ先である媒体会社に原価は払わないといけません。つまり、私はある意味、広告代金回収係で、メディアさんそして媒体さんにとっては、ある意味、信用のおける存在であったんです。まったく社会的に信用のない、昨日できたようなぽっと出のベンチャーが、Yahoo! に大量に広告を出したいといっても、Yahoo! はそんな会社とは取引をしません。でも日広さんが間に入ってくれるんだったら、日広さんが回収してくれるんだったら、別に昨日できた会社の広告も載せてあげるよ、と。与信がウチの会社にあったから、できたばっかりのベンチャーの広告でもほぼ仕入れていました。

私は個人で30社以上のベンチャーに投資をしていました。そして、そのうちのいくつかは上場したんです。2005年の年末までだと8社ですか。皆さんがわかるところで言うと、例えばDeNAやGMOインターネットに、上場前から、あるいは会社ができた頃から資本参加してたんです。資本参加して何をしてたかという

■かつてエンジェル投資し、その後、株式を上場した企業■

●インターキュー株式会社（現・GMOインターネット 9449 東証一部）
⇒ 1999年8月 JASDAQ上場
●株式会社ディジット（後にSBIホールディングスと合併 8473 東証一部）
⇒ 2000年9月 ナスダックジャパン上場
●株式会社まぐクリック（現・GMOアドパートナーズ 4784 JASDAQ）
⇒ 2000年9月 ナスダックジャパン上場
●株式会社おりこんダイレクトデジタル（現・オリコン 4800 JASDAQ）
⇒ 2000年11月 ナスダックジャパン上場
●株式会社テイクアンドギヴ・ニーズ（4331 東証一部）
⇒ 2001年12月 ナスダックジャパン上場
●株式会社デジタルアーツ（2326 JASDAQ）
⇒ 2002年9月 ナスダックジャパン上場
●株式会社DeNA（2432 東証一部）
⇒ 2005年2月 東証マザーズ上場
●株式会社ザッパラス（3770 東証一部）
⇒ 2005年5月 東証マザーズ上場
●ソーシャルワイヤー株式会社（3929 マザーズ）
⇒ 2015年12月 東証マザーズ上場

と、個人としてお金入れて、それによって関係をつくって、日広では広告のお付き合いをしてたんですよ。で、その会社の成長に関わっていく。マッチポンプですね。でもおもしろかったんです。ベンチャーの成長に関わることが、そうやってお取引先の成長に加担して、多くの人に感謝されることがおもしろかった。「ああ、ベンチャーの成長とともに歩んでる俺はなんて幸せ者なんだ」と。そんな幸せの絶頂にいたのが、2005年までの数年でした。そして、インターネット広告産業はわずか10年ほどで、ゼロから始まって5000億円の規模まで大きくなっていったのです。

〈ライブドア・ショックで猛烈な逆風が！〉

皆さんは２００６年１月16日には何歳でしたか？
ナニをされていましたか？
その日、個人的にも親しくしていた、ライブドアの堀江貴文さんが逮捕されたんです。

その当時の日広は、インターネット広告産業という成長産業を見つけ、毎年昨対１２０％で伸びていき、雑誌『宣伝会議』の日本広告代理店ランキングで２００６年は39位までいきました。２００６年１月発売の週刊ダイヤモンド「10年後の大企業」特集においては未上場部門で４位の評価をつけていました。

私は我が世の春を謳歌していました。「インターネッ

2006年1月16日
ライブドアショック

- NIKKOは４期連続で昨対120%以上の売上成長を続けていた。

↓

- 3月度には月商10億を超えていた売上が、半年で6億円まで急速に落ち込む事態に陥り、深刻な経営危機に。

ト広告って楽しいな。新しい産業だから、まだまだ自分はリーダーでいられるぞ」なんてことも思っていました。この2006年という年は、小泉政権が終わった年であり、日本でベンチャーが上場した企業のピークを迎えた年です。2006年には200社も日本では新規上場の会社が生まれました。

しかしそのとき、10年前ですね、その『ライブドア・ショック』がありまして、インターネット系の会社全体が皆で〝膝カックン〟状態になってしまったんですね。

その時、すごく自分が身にしみたのは、10年前の当時の雰囲気です。

最近、上場した『LINE』の前身は、堀江貴文さんが経営していた『ライブドア』という会社だったんですよ。今は韓国の『NAVER』という会社の子会社になっていますが。『ライブドア・ショック』というのは、私は謂われのなき罪だと思っていますが、要するに、世の中の『僻み・やっかみ・妬み』を一身に浴びて、会計を偽ったということで〝別件逮捕〟のような形で拘留されている間に、ライブドアが上場廃止になってしまったことに端を発しています。

いわゆる『ビットバレー』という、渋谷・六本木界隈でインターネットで商売をして、東京証券取引所のマザーズ、ナスダックジャパンに上場していた会社が200社くらいあるんですけど、それらを含め600社くらいの会社の株価が3〜4ヶ月で10分の1くらいになってしまったんです。

業績のよかったYahoo!や楽天でさえ3分の1になってしまいました。ひどいところだと100分の1になってしまったのです。

ライブドア・ショックをきっかけに、それは、大手のマスコミを中心に「ネットはけしからん、若い人の起業はけしからん、ネットを使って倍々ゲームで成長したような商売すべてがけしからん」、という風潮・論調が世間に流れていきました。

そうなると、ちょっと難しい言葉になりますが『信用収縮』が起こります。

時価総額が小さくなることで、信用そのものが小さくなってしまって、商売が左前になってしまうことが起こったわけです。上場する前の会社もたくさんありました。日広のどのお得意先も非常に厳しい状況となってしまった。

日本中で同時に、ネット系の会社全部いっぺんにそういうことになってしまい、日広という会社だけでなく、日本のベンチャー、スタートアップ全体に猛烈な向かい風が吹いて、立ちいかなくなるいろいろなことが同時に起こってしまったのです。

日広も、結局はネットのエコシステムの中での1プレイヤーだったので、スコーンとある意味滑ってしまいまして、２００６年3月、日広と子会社は月商11億円あった売上げが、半年くらいで6億円を切るくらいまでに小さくなってしまったんです。

1年で売上げが半分になったらどうなるか。会社の平均の利益率は14、15％でしたが、まず潰れます。月商が1年後に半分に、利益率が15％だと、もう資金繰りがつかないのです。

〈毎月の資金繰りに四苦八苦〉

ですから、翌2007年はまるで地獄でした。毎月毎月1000万円から3000万円くらいお金が足りないということが8ヶ月続きましたね。

いろんなやり方をしましたよ、貯金を食いつぶしたり、自分の私財を投げ打ったり。

6月には、創業以来初めて、希望退職者を募り、40人の方が退社されました。

それまでも、何度も何度も戦ってきました。

電通とも博報堂とも、また同じベンチャーとして成長してきたサイバーエージェントやオプトとも。

それらと何度も何度も、勝ったり負けたり、切った張ったと10年間ずーっとずーっとやってきました。

広告の商売がそういうものでした。

クリエイティブが良かった、提案が良かった、企画が良かった、営業マンが良かった、加藤さんの気迫が素晴らしかった…、とにかく勝った負けたは世の中の常でした。

ところが、2006年の売上げが半分になるという状況は、売上げをどこかにかっさらわれるというのではなく、消えるということでした。

お客さんが消えたんです。業界自体が消えるということが頻発したんですよ。

日広の大口の顧客は消費者金融さんだったんですよ、外資系のね。

それが、貸金業法の改定、いわゆるグレーゾーン金利の見直しによって、10年前にさかのぼった過払い返還の決定というのがあり、彼らは「理解できない」と速攻で会社をほぼ無料で売却してアメリカに帰っていきました。

また、偽装建築のいわゆる『姉歯ショック』というのも発生し、当時多くの上場していた独立系マンションデベロッパーが、建築計画がなかなか通らなくなってしまいました。

それまでは1ヶ月2ヶ月待てば建築の確認が出ていたのですが、それが半年～1年になってしまったんです。

土地を買って1年待っても、建築確認が出ない。

もちろん、大手の会社、三菱地所や三井不動産なんかは潰れません。

でも、時価総額が300億円や400億円程度のマンションデベロッパーは、20億円や30億円で買った土地の建築確認が1年も出なかったら、どうなります？

現金化ができなければ、保ちませんから、多くのマンションデベロッパーが破綻してしまいました。

他にも、日雇い単位の業務請負業という業態がかつてありました。

ダイヤルキューーネットワークの出身者が、フルキャストという業務請負会社の営業本部長でした。また、別の者はグッドウィルの社長でした。

両者からも大量の広告出稿をいただいてました。

しかし、突然、港湾荷役の業務を請け負ったという何で3ヶ月の業務停止などを相次いでくらいました。まあ、私は今もこれは冤罪だと思っているんですけど。

そしてどうなったかと言うと、両者とも事業を大縮小したり廃業したり、というハメになりました。

〈日本国内でのイスは減り始めている〉

電通や博報堂に負けたのだったら、まだ納得はいきました。

しかし、実際にはそうではなかった。売上げが消えてしまったんです。

2006年から2007年の日広の売上げ減少は、強烈でしたね。

でも、よく考えると、その構造はダイヤルキューネットワークのときと同じだったんですよ。

お上がルールを変えたから、突然それまで良かったことがダメになったから、なんです。

私はびっくりしました。なんでこんなことになるのか、と。

なんでベンチャーの成長を阻害するのか、なぜ堀江さんを逮捕するのか、なぜ日本のベンチャー市場が3分の1、10分の1になるようなことを証券市場自体がするのか、と。自虐でしょう。


でも、私は気づいてなかったんです、日本の市場縮小の事実を。

2005年というのは、実は日本のピークの年だったわけです。

1945年に日本は戦争が終わって、新しいジャパンが始まりました。新しい民主主義の日本ですよ。

それ以降、高度成長があって「Japan as No.1」の時期を経て、バブル崩壊、そしてそれ以降の失われた10年の間も、日本という国は実はずーっと右肩上がりで成長していました。

その間、私は広告会社をやっていました。そして、景気の変動を注視していました。なぜなら、広告というのは景気のバロメーターですから。

商売がガタガタしたり、後ろ向きなときは、広告費を削るというのはどんな経営者も当たり前のことです。

だから、非常に景気のにおいや雰囲気に敏感だったんです。

ところが日本はどうなったか。当時発行株式総数でソニーを抜こうという勢いのライブドアを経営していた堀江さんが逮捕されてしまいました。

私はまったくの冤罪だと思っていますけど、意味不明な論拠で逮捕されてしまいました。

そして、逮捕されている間に上場が廃止されてしまったのです。

また、楽天の三木谷さんはＴＢＳを買収しようとしていました。あと1％弱買えば20％の持ち株の適用会社になるという寸前に、各方面から脅され買収を断念しました。そのため、ＴＢＳは関連会社にできませんでした。

数百億円の損を出して、ＴＢＳの株はＴＢＳに戻り、放送法は改正され、日本の上場している放送会社は絶対に敵対ＴＯＢ、Ｍ＆Ａできないルールに変わりました。

それだけではありません。私が取引していた多くの上場企業が、２００６年から２００７年にかけて『Living Dead』、つまりゾンビのような状態に追い込まれました。

先述したように、株価が10分の1とかになると、信用収縮という状態が起こります。すると、今まで借りていたお金が借りられなくなって、新規の投資がまったくできなくなります。

２００３年から２００５年までに上場したネットベンチャー、私の知る限りでも２００から３００の会社は一切資金調達ができない状態になりました。

日本という国は、ベンチャーに対する大変な向かい風が吹く状況になったと思いました。これはたいへんなことです。何故ならば、これ日本の国に限らないことですが、世の中にあるすべての会社は元々スタートアップであり、ベンチャーであったということなんです。トヨタもソニーもパナソニックはもちろんのこと、キッコーマンだってミツカン、ふとんの西川だって、もともとは一人から始まっている。三井も住友もみんなそうなんです。そしていつの世も、新しく生まれた会社によって、古きは廃れ、栄枯盛衰、自然淘汰が繰り返されてきた、これが産業のサイクルです。

いま世界でいちばん価値のある会社であるグーグルの創業者はまだ40代前半です。Facebookに至ってはまだ30代に入ったばかりです。グーグルが、Facebookが生まれたことによって、多くの事業が、企業が終焉を迎えました。そして、それを踏み台にして、両社は躍進を続けてきた。これこそマトモな淘汰です。事業と企業のエコシステムです。新たな起業家こそが新しい産業の、雇用の、創造の担い手なのです。

私は19歳のときからずっと、それを信じて、ベンチャー一筋でやってきました。そして日広は広告代理の事業を通じて、多くのスタートアップの創業の伴走することをヤリガイとしていたのです。

だからライブドアをはじめとしたインターネットの登場によって突然変異が起こり、あまた新しく生まれた伸びた会社、上場した会社が一斉にダメになるようなことが起こっちゃうと、「これからの日本の国のシナリオってどういうふうになっちゃうのかな」っていうことが、私はさすがに心配になったのです。

そして、私自身も危ないと思い、これまで15年以上続けてきた会社を救うことを優先して恥ずかしながら２００７年11月にＧＭＯインターネットという会社に、最大のお取引先に、日広を託す意思決定をしました。

会社には社員に12月のボーナスを支払う資金がありませんでした。そう、私はここで経営に失敗し、手塩にかけてきた事業をすべて失ったのです。

第3章
アジアのウミガメを創る

〈インターネットは一部の国のものから世界中の人のものに〉

少し話は前後しますが、日広という会社はインターネット広告を売っていた関係で、アメリカでインターネットの新しい技術とかサービスが開発されるたびに、その発表会へ〝お呼ばれ〟していました。

Google さんとか Yahoo! さんとか Microsoft さんとかが、日本で広告をたくさん売っている会社の社長を集めて「来年はこんなものを売りますよ」とか「こんなサービスを始めますよ」みたいなブリーフィングがあり、私も年に2～3回はアメリカへ行っていました。そう、インターネットのイノベーションっていうのは昔も今もほとんどアメリカ西海岸で生まれているわけです。

2005年くらいまではインターネットというのは、アメリカとヨーロッパと日本のものでした。だからアメリカの本社で行われる、このようなカンファレンスも、実際に会場に来ている人は皆、アメリカの人やヨーロッパの人や日本の人だったんですね。

ところが私が2006年の10月に赴いた、Google のカンファレンス zeitgeist は、それまでに参加してきたものとはまったく違うものでした。そのカンファレンスに来ていた人、その半分がヨーロッパでもアメリカでも日本でもない国の人だったんです。そう、そのほとんどがアジアの人でした。中国、シンガポール、マレーシア、インドネシア、フィリピン、タイ、インド……そんな方々がそれぞれの国から呼ばれてました。

当時の Google のCEOのエリック・シュミットさんは、カンファレンスの中で、これからはアジアの時代だと高らかに言っていました。「いままで Google はアメリカとヨーロッパと日本のものだったけど、これから Google は世界中で進めていく中で最も重視するのはアジアだ。アジアでモバイルに力を入れる。それ以外はある意味でどうでもいい。だからこれからはアジアのパートナーたちにも、Google の戦略を聞いてもらう」のだと。

それまで呼んでた人は、毎年100人程度だったそうです。ところがその年、私が行った2006年のカンファレンスの参加者は総勢300人。とにかくアジアから来ている人の多さが目に付きました。それまでの年も他社のシリコンバレーやシアトル近郊で行われていた、こういったインセンティブ旅行も兼ねたカンファレンスにはけっこう出ていました。そして普通にその会議に同時通訳にて参加してました。アメリカの人は、ネイティブですから、そんなんいりません。ヨーロッパの人もたしなみとして英語がしゃべれるので、そんなのはいりません。でも、日本人は当たり前に英語がしゃべれません。ですから毎年、何の違和感もなく、当然に同時通訳を聞きながらそういったカンファレンスに参加してたんですが、2006年のカンファレンスもやはりたくさんアジアの方が来ているので、私と同じように誰が同時通訳を聞いているのかなと思って周りを見たら、なんと日本から来てるメンバーのうち11人だけが同時通訳を聞いてて、それ以外の国の人は誰も同時通訳を使っていないことに気づきました。しかも全員英語で質問して、英語で会話し、英語で発言してたんです。

私はたまげました。「ええー!」と。

先ほど言ったように、マクロでみて、GDPの成長が非常に重要であります。

なぜならば、経済全体が大きくなれば、おこぼれに預かれるからです。

よくよく考えれば、いや日本の多くの中小企業は、日本という国そのもののGDPの成長にぶら下がって生きてきてました。つまり日本の国の追い風によって、勝手に自動に上に上がるエスカレーターに乗せてもらってるうちに大きくなった会社も多いわけです。そう私の会社、日広がまさにそうだったのです。
ああ、これからはアジアが豊かになるんだ、と強く感じたんですね。

〈外の世界のスターたち〉

また、その頃、アメリカで、こちらの2人の人物の存在を知りました。

1人はジャック・マーさんという方です。一昨年「史上最大のIPO」と言われた、『アリババ』という会社の創業者です。もう1人は、『バイドゥ』という、中国で圧倒的なシェアを持つ検索エンジンをつくる会社の社長、ロビン・リーさんという方です。

このおふた方、今でこそ日本でも割と有名ですが、2006年の段階では報道すらほとんどされていませんでした。

私も、2人の存在はアメリカで行われたブリーフィングで知りました。Google のカンファレンスにロビン・リーさんが来てたんです。ニューヨークでネット広告のカンファレンスがあり、そこにジャック・マーさんが来ていました。「へー、こんな人、中国にいるんだ」と。

中国は、２０００年くらいまでインターネット自体が禁止されていました。で、２００６年の段階ではどうだったかというと、まだほとんどすべての人がインターネットにつながってなかったんです。

当時の中国は『小霊通（シャオリントン）』というＰＨＳでＳＭＳのやり取りをするような時代。

その10年前は誰も携帯電話を持ってなくて、メタル回線すらないのが中国だったので、「そもそも携帯電話自体が革命だ」みたいなところがありました。

そんな、誰もインターネットを触っていない時代に、この２人はアメリカから技術やサービス、あるいはファイナンス手法なんかを中国に持ち帰ってきていたんです。

彼らのことはアメリカだけでなく、翌２００７年、中国本土でも思い知らされました。上海で一番大きな本屋は上海書城というお店なんですけど、１階の面前の一番大きな場所、本が高く積まれてるところに彼らの本がありました。ロビンさんの、ジャック・マーさんの、彼らの自叙伝、立志伝、そして経営書がうずたかく積まれており、多くの上海の知識人がそれを立ち読みし、買い、持って帰ってました。それどころか、彼らのことは中学の副読本にも載ってました。つまり「中学生が読んでいる」ということですよね。

これからの中国をつくっていく若者に対し、日本ではほとんど無名だったジャック・マーさんやロビン・リーさんのことを、「立派だ。アメリカで勉強し、アメリカで商売を起こし、世界に挑戦している、彼らは立派だ」とある意味英雄のように紹介しているという事実を知って、びっくりしたわけです。


私はたまげました。一方、同じ頃の日本では、ライブドアの堀江さん、楽天の三木谷さん、GMOの熊谷さん、サイバーエージェントの藤田さんらがめちゃくちゃに叩かれ、もはや〝社会悪〟みたいな感じで、インターネット企業が追い込まれていました。

堀江さんは実際に投獄までされ、有罪判決まで出され、収監されている間に上場廃止になっちゃってるのが日本の状態だったのに、同じ年に中国の起業家の彼ら、ジャック・マーやロビン・リーはアメリカで演説してるわ、中国で英雄のように報道されているわ、との差は一体なんなんだ、と。

〈ウミガメは救世主なのか？〉

そんな彼らは中国で、外で起業し、中国に凱旋する人たちを、中国では尊敬の意を込めて『ウミガメ』と呼ばれていました。

アメリカで学んだインターネットの知識やインターネットのエコノミー、あるいは技術やサービス、考え方、あるいはＩＴそのものを、外から注目に持ち帰って、それを雇用や産業や経済につなげている、と。

「彼らこそ、中国の救世主だ！」みたいに言われていることを、その時に知ったのです。

彼らは留学生ではないですけど「ウミガメ」の、ある意味シンボルと言われているのは、国の外で起こっているイノベーションを、産業や雇用や経済につなげているという意味で、まさに「外から富や希望を持ってくる人たち」として報道されていました。

1つのアイコンとして、ジャック・マーさんやロビン・リーさんが中国では教科書に載るくらいの存在になっていたんです。

中国では『海亀』と『海帰』という言葉が、同じ『ハイグイ』という発音らしいんです。

かけ言葉ですね。

「海から帰ってきた人」、それらの背景にあるのが、実はアメリカで留学し、勉強してきた人たちのネットワークにあったということです。

中国というのは、今も昔も、いや昔以上に今の方がアメリカやカナダに留学生を出す勢いや機運……ご存知だと思いますが、中国では30年以上前から『一人っ子政策』というのをやっていて、昔はたくさん子どもがいる国だったんですけど、子どもが本当の〝宝〟になる、一族の希望となって、親族、一族郎党が皆でお金を出し合って……今は違いますよ、でも10年くらい前は本当に親族一同がお金を出し合って、〝希望の光〟をアメリカに送り出し、「最終的には俺たちを養ってくれ」みたいな感じだったんです。

その人たちが、当時の記録で年間6・8万人、日本人の2倍くらいの人がアメリカへ留学で来ていました。

一人っ子政策ですから、本当に宝物のような若い人たちを中国からアメリカに出し、そういった方々がいろんな未来につながる希望とか雇用や経済を持って帰ってきて、彼ら自体が中国の次のシナリオを担うようになっていきました。

その人々を、中国では皆、『ウミガメ』と呼んでいる、と知ったんです。

私が実際にアメリカへ通い出したのは2003年くらいからなんですけど、韓国人もアメリカにたくさんいました。この国はなんと、国民の11％が海外に居るんです。私のいるシンガポール、フィリピン、マレーシア、タイもインドネシア、どこに行っても韓国人はものすごい存在です。いや、今となればアフリカの果ても、南米の果てにもサムソンの社員が、ＬＧの社員が普通にいます。彼らはかの地で家庭電化製品を猛烈に売っています。どこの国でも韓国人はコミットしています。そして今や、ものすごい影響力を持っています。韓流スターも大人気です。アジアのどこに行っても、一番人気があるのは韓流スターです。少女時代とかですよ。それはなぜか。その地へ出て行ってるからです。

ちなみに日本人は今、私を含めて海外居住の人数は約120万人です。人口の1％です。つまり比率でいうと韓国の10分の1以下です。

「なんでそんなにいるの？」と聞いたら、以前アジア通貨危機というのがあって、実際90年代の後半に韓国は1回『デフォルト』をしてるんです。『デフォルト』というのは、経済が破綻することで、その時、韓国の通貨価値はドンと半分以下まで落ちたんですね。その際に、たくさんの人たちがアジア、そしてアメリカやカナダに出て行っているんです。

その人たちがそのまま世界中に散っていました。「中国人だけじゃなくて、韓国の人たちも世界中に出ているんだな」とたいへんな衝撃を受けました。

と同時に、私はその存在を知って、「ああ、日本に足りないのはこれしかないやろな。『ウミガメ』みたいな人がいるんじゃないかな」と思いました。海外で起業し、海外で名を挙げ、日本に凱旋する人を、この中国でウミガメと呼ばれる人たちが日本にも必要なんじゃないかと。

なぜならば日本で、身を興し名を出し、立身出世を志した者たちが、いままさに私の目の前でスポイルされていたからです。

であるならば、ある程度以上の出る杭になって、抜かれな

アジアのウミガメを創る。

ウミガメ族とは（ハイグイ｜海亀、海帰）
アメリカで起業　中国に凱旋
※　中国本土からの中国人の米国留学　6.8万人/年（2006年当時）

韓国　人口4850万人＋世界各地に600万人いる海外居留者。
（国内人口の11%）

い状況まで大きくなって、凱旋できるような状態になるまで海外で認められ、海外で大きくなる人をつくるべきなんじゃないかと思ったのです。

私は歴史が好きで、先述したように最初『リョーマ』という名の会社をやったんですが、幕末の話が特に好きなんですよ。

皆さん、ご存知かどうかはわかりませんが、明治政府の第1期の内閣総理大臣である伊藤博文さんから明治時代の一番最初の10年間くらいは、閣僚の半分以上が実は外国の留学生だったんです。

幕末の頃、各幕府から優秀な人が海外へ出て行って、その後、明治維新の中心になった長州の方々というのが、海外へ出て英語あるいは文化を学び、殖産興業、和魂洋才、あるいは文明開化を主導したわけです。

海外で日本の状況との差分について勉強してきた人が、実際に新しい国をつくるっていうところで活躍したというのを知っていたので「なるほど、これから新しいＩＴの時代が来るにあたって、日本の国も海外で勉強した人がつくっていくという世の中に変わっていかなきゃいけない。いや、隣の中国や韓国は実際そうなってるじゃないか」と思ったわけです。

そして、私はアジアに出ていくことに決めました。

ウミガメにはなれないかもしれません。でも私が騒ぐことによって、アジアでのウミガメを目指す人が現れるんじゃないかと考えました。

その背景には、アジアの中間所得層が猛烈に伸びているという事実がありました。これもまた、先ほどのGoogleカンファレンスで知ったんです。彼らは遠くを見抜いていました。必ずアジアの中間所得層は増える、そこにGoogleの成長のチャンスがあると考えたのでしょう。

同じことを繰り返します。成長はどこにあるか、日広という会社はなぜ成長したのか、ダイヤルキューネットワークという会社はなぜ大きくなったのか、なぜ我々が今アジアに出なきゃいけないのか。

それは、我々が行ったから市場が伸びたんじゃないんです。伸びるところがあったからそこに行くべきだったんです。私が優秀だから行くんじゃないんです、そこの市場が伸びているから、私たちが出ていったんです。

なぜ今、日本の企業がアジアに出ていくべきなのか、日本の成長が止まったからです。多くの産業の衰退が進行しているからです。かたやアジアが成長しているからです。この8年間、私はそのことを多くの人にいろんな言い方で伝えようとしてきました。

〈日本はブランドスイッチが起こらない世界〉

一方で日本は、皆さんご存知だと思いますが、未曾有の人口の急減期を迎えています。

皆さんが私くらいの歳になる２０５０年、日本の人口は９５００万人に減っているんです。

これは後から気づいたのですが、先ほど申し上げた『ライブドア・ショック』があった２００６年、実はその頃がちょうど人口が減り出した頃だったんですね。

で、私は「あ、これは〝イス取りゲーム〟が始まっているんだな」と思ったわけです。

それまではなんだかんだで、戦後ずっと人口は増えていて、パイも増えてＧＤＰも増えていました。『ＧＤＰ』というのは『給料取りの人数×給料』で計算されるものです。

ですから、なんだかんだでＧＤＰはそのままずっと増えていました。

ところが、単純に給料取りの人数が減り出したので、ＧＤＰも減ってきているんです。

ＧＤＰが減るとどうなるかというと、〝イス〟が減り始めます。

また、人口統計的に高齢化もどんどん進んでいきます。

２０５０年には、60％の人が働いていない時代がやってきます、ほとんどが高齢者です。

高齢者が多くなるとどうなるか、『ブランドスイッチ』が起こらなくなるんですね。

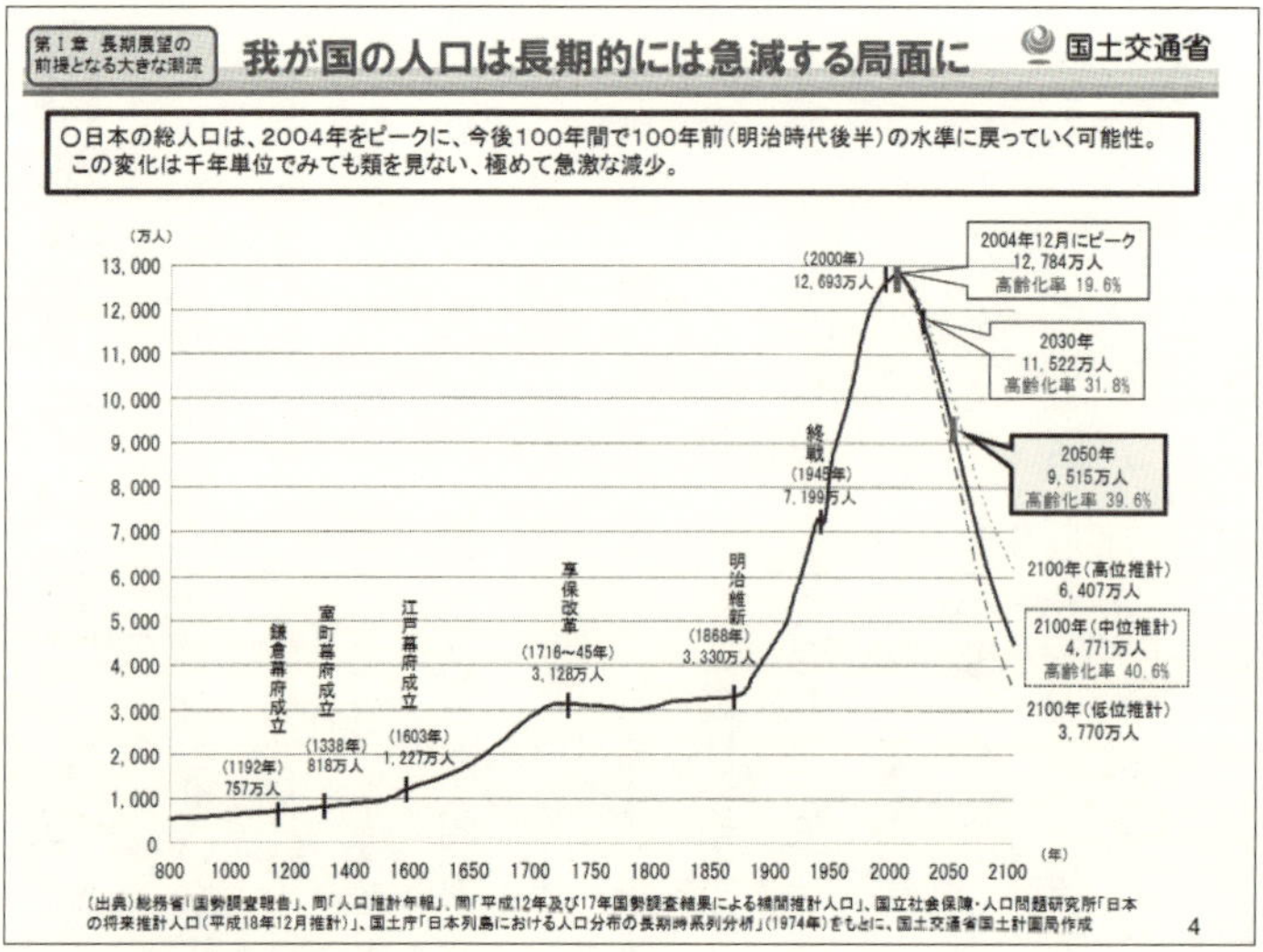
第Ⅰ章 長期展望の前提となる大きな潮流
我が国の人口は長期的には急減する局面に
国土交通省
○日本の総人口は、2004年をピークに、今後100年間で100年前(明治時代後半)の水準に戻っていく可能性。
この変化は千年単位でみても類を見ない、極めて急激な減少。
(万人)
2004年12月にピーク 12,784万人 高齢化率 19.6%
(2000年) 12,693万人
2030年 11,522万人 高齢化率 31.8%
2050年 9,515万人 高齢化率 39.6%
終戦 (1945年) 7,199万人
2100年(高位推計) 6,407万人
2100年(中位推計) 4,771万人 高齢化率 40.6%
2100年(低位推計) 3,770万人
明治維新 (1868年) 3,330万人
享保改革 (1716〜45年) 3,128万人
江戸幕府成立 (1603年) 1,227万人
室町幕府成立 (1338年) 818万人
鎌倉幕府成立 (1192年) 757万人
(年)
(出典)総務省「国勢調査報告」、同「人口推計年報」、同「平成12年及び17年国勢調査結果による補間推計人口」、国立社会保障・人口問題研究所「日本の将来推計人口(平成18年12月推計)」、国土庁「日本列島における人口分布の長期時系列分析」(1974年)をもとに、国土交通省国土計画局作成
4

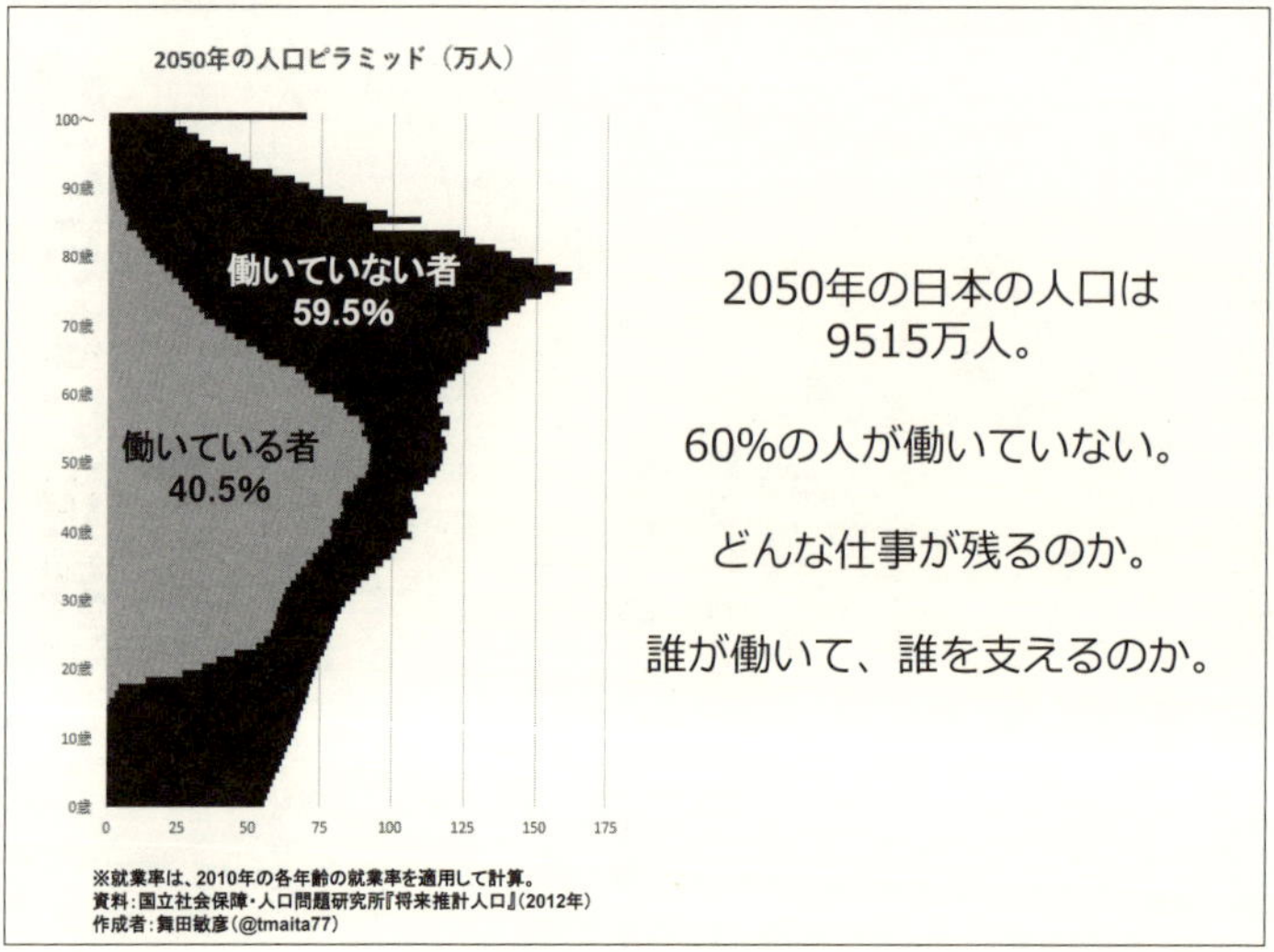
2050年の人口ピラミッド（万人）
働いていない者 59.5%
働いている者 40.5%
※就業率は、2010年の各年齢の就業率を適用して計算。
資料：国立社会保障・人口問題研究所『将来推計人口』(2012年)
作成者：舞田敏彦(@tmaita77)
2050年の日本の人口は
9515万人。
60%の人が働いていない。
どんな仕事が残るのか。
誰が働いて、誰を支えるのか。

皆さん、毎日生きていていろんな広告の刺激を受けていると思います。

私がやってきたのは、広告の仕事なんですが、ブランドスイッチを図ることばかりしていたわけです。

具体的にいうと「今、飲んでいるビールをやめて、他に乗り換える」というのが『ブランドスイッチ』になります。

すなわち、新しいソースだとかジュース、洗剤とか靴とか洋服とかの宣伝広告は「今使ってるものよりも、こっちの方がいいんじゃないの？」というのを喚起するものなんですね。

しかし、やっかいなことに、これから激増していく高齢者というのはブランドを変えないんですね。

例えば私の父親、今78歳なんですけれども、60年間ずっとキリンビールを飲んでいます。これは、どんな刺激を受けても、もう変わることはないでしょうね。

なぜかというと、高齢者というのは脳が硬直しているんで、刺激を受けにくくなっているんです。

ですので、「こっちのビールのほうが美味しいよ」とか「こっちのビールを飲んだほうがいいよ」と言っても、脳が「いや、こっちを使う」「いつも買ってるのを買う」となってしまうわけです。

マヨネーズなら、キューピーに決まってますんで、どれだけオマケを付けようが、ハワイが当たるかもよ、とか、値段が半額になったとしても、やっぱり味の素のマヨネーズには変えないんですね。


それはなぜか。失敗することを恐れているからなんですね。

いつもと同じビールを飲んだり、マヨネーズを使っていれば失敗はしません。

もちろん、新しいビールを飲んだり、マヨネーズを使ってみたら、意外に美味しいかもしれないので、今までよりも成功があるかもしれませんよね。

でも、脳が歳を取って老いていくと「成功したら嬉しいな」というよりは、今までと違う消費行動を取って「失敗することを恐れる」ようになるんです。

これが老いの本質なんですね。


日本は今、どんどん老いていってるので、ブランドスイッチが起こりにくくなってきています。

そうなると、上位のシェアにある会社、例えば日本でいうとアース製薬とか日清食品とかが、我々が生きている間はずっと1番のままでしょう。

それはなぜか。高齢化社会だから。

ブランドを変えない人たちばかりなので、上位シェアの会社というのは、これからもよほどのことがあってもシェアを落とすことはないんですね。

ところが、ちょっと悪いですけど、例えば業界でいうと6位くらいのフマキラーさんとか、8位くらいのエースコックさんとかは、2050年になったら食えなくなってしまうんですね。

今は食えてますよ、6位も7位も8位も。

しかし、人口が9500万人になり、GDPも減ってしまうと、下位の会社ほど厳しくなるんです。

つまり、ベンチャーやスタートアップが育ちにくくなってしまう、もちろん勝てることもありません。

〝イス取りゲーム〟は進んでいきますが、平等には進まないんです。

シェア上位の会社が勝って、下位の会社が負けるんですね。

どんどんパイの数が減っていって合従連衡、つまり合併が進みます。

要は、食える企業の数が減るんですね。

現状5社食えていた業界が、3社しか食えなくなる、というのが、GDPが減るということ、人口が減る社会なんです。

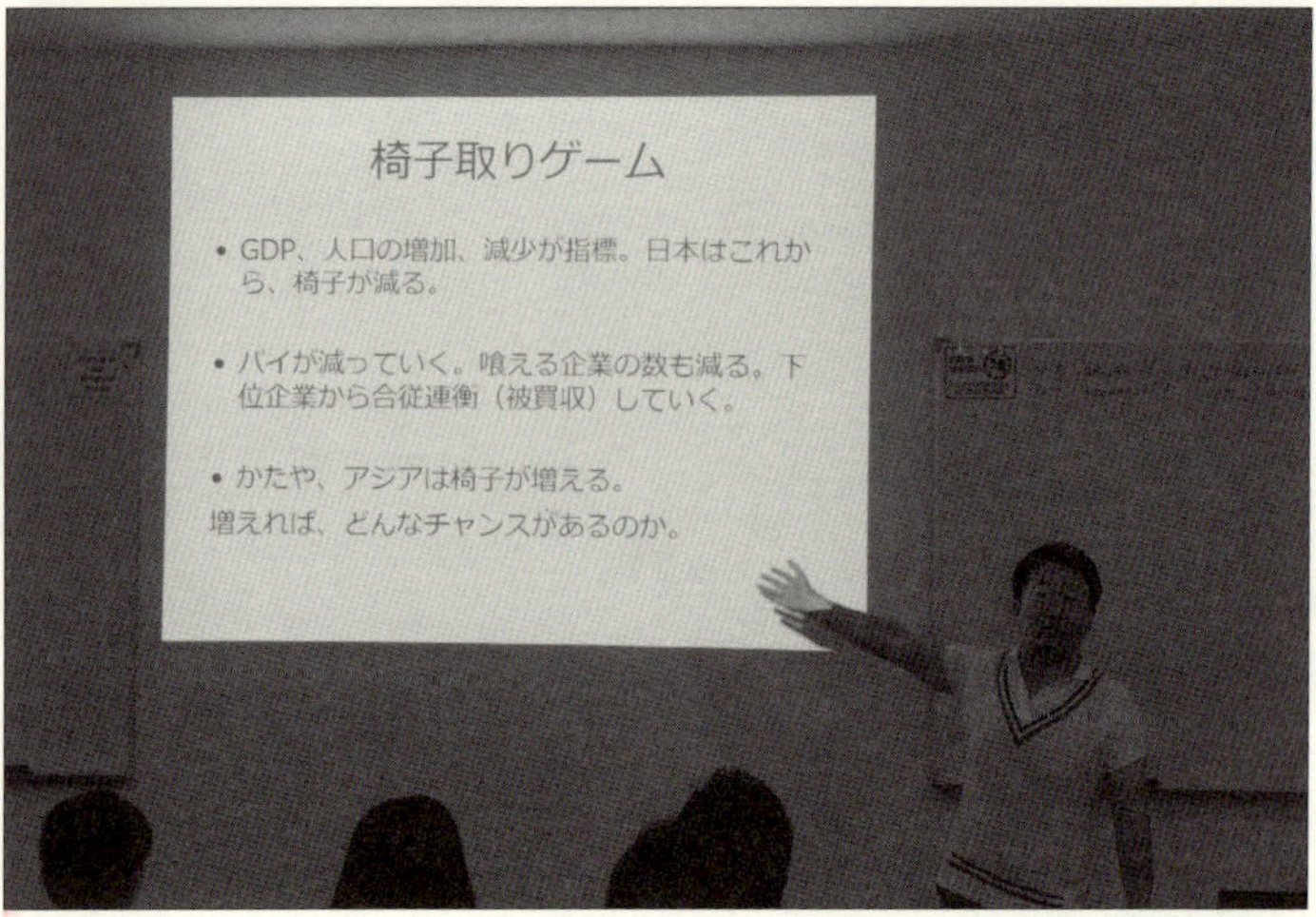

〈出ればいいじゃん、ではなく、出るべきなのです〉

ところが一方で、アジアはこれから〝イス〟が増えていくんですよ、しかもどんどんと。増えるとどんなチャンスがあるかと言うと、今2社食えている業界が3社食えるようになるんです。4社食えてる業界が5社食えるようになる。

これがパイの増える社会、〝イス取りゲーム〟の〝イス〟が増える社会なんです。

私は今、何をしているかと言うと「御社、アジアに出てきなさいよ」ということを、起業家とか企業経営者に対して〝煽って〟います。

「今、御社が売上げゼロでも、知名度がゼロでも、社員がゼロでも、まったく何もしていなくても、これから〝イス〟が増えるのだから、増える〝イス〟に座ればいいじゃないか」と煽って「海外に出て行きましょう」ということを言い続けているわけです。

その論拠というのは「GDPが増えますよ」ということです。「GDPが減る日本にいると、今は食えていても5年後、10年後には食えなくなりますよ」と。

また、「インドネシアやフィリピンやマレーシア、ベトナムやタイは、これからGDP

が増え続けるわけですから、今はそこに出張ってなくても〝イス〟が増えるから御社はそこに座ればいいじゃないですか。なんで、手をこまねいて見てるんですか？」とも言ってます。

例えばフマキラーという会社は、25年以上前からインドネシアに進出しています。そして、インドネシアで殺虫剤の会社といえば、フマキラーなんですよ。

エースコックという会社は、ベトナムでは圧倒的に一番なんです。なぜか？　30年以上前からエースコックはベトナムでインスタントラーメンをつくっているんです。

つまり、フマキラーやエースコックは、

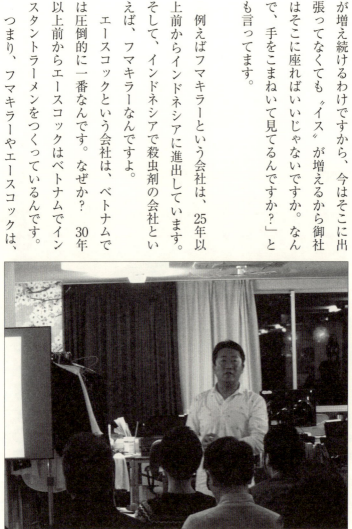

〝イス〟がなかった頃に進出して、これからＧＤＰが増え続けるベトナムやインドネシアでは圧倒的一番なんです。

何が言いたいかと言うと、フマキラーはもう潰れない、ということです。

もしかしたら日本市場は撤退しちゃうかもしれないですね、日本の会社なんですけど。

「もうやっていても意味ないから、日本はやめよう」なんてことになってもおかしくはありません。

でも、インドネシアはこれからどんどんＧＤＰが増えますし、今でも圧倒的一番ですからね。

もちろん、これから〝イス〟は増え続けるので、競争は続きます。

でも、今一番というのは、すごく有利ですよね。

エースコックも同じです。

彼らのように「これから増える〝イス〟に座りましょう！」ということなんです。

〈東南アジアへの入り口『シンガポール』という国〉

２００８年6月、日広をＧＭＯインターネットグループに委ねた私は、アメリカで受けた衝撃によって、私が日本を出て新しい挑戦すると決めた新たなフィールドは東南アジアとしました。

そして、その活動の拠点をシンガポールという小さな国におきました。

シンガポールは東京都の23区くらいの大きさです。琵琶湖くらいの非常に小さな国です。いま私を含めて今５４０万人の人が住んでます。

１９６５年8月9日に国ができて、まだ51年しか経っていません。一般的には、税金が非常に安いことで知られています。事実安いです。法人税は日本の3分の1です。個人の所得税も半分以下です。日本のようなオーナー経営者にとっての二重課税ではないので、高額所得層にとっては実質的には半分以下どころでなく3割くらいだと思います。

ただ私自身は、シンガポールに多くの日本の個人や企業に進出を煽るような活動をしていますけれども、税金が安いからというのはあまり訴えていません。もっとほかの理由で、私は日本企業はアジアのヘッドクォーターであるシンガポールに置くべきだと思うので、これまでやってきました。

そして私の活動とは無関係に、いま日本を代表する多くの企業がアジアのヘッドクオーターであるシンガポールにやってきています。

シンガポールは島で、マレーシアのはしっこにあります。元々、無血革命でマレーシアの一部を割譲してつくられた、人為的に成立した国家です。建国の父リー・クワン・ユー翁と現首相リー・シェンロン氏が見捨てられた国、見捨てられた土地を、ないない尽くし、マラリアと熱病の国といわれたこのシンガポールを、何もないからこそ世界中の国とつながることで、解決策を示すんだぞ、ということでやってきたんですね。橋下徹さんも

シンガポールという国

シンガポールは国土が東京23区や淡路島、琵琶湖くらいしかない、歴史の浅い、国土の小さな国。

・約712.4k㎡（東京23区622k㎡よりやや大きい）

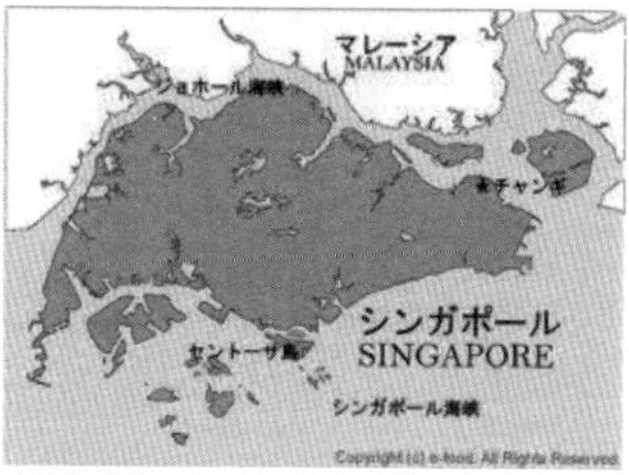

1919年　東インド会社のラッフルズ上陸
1959年　英国より自治権を獲得、シンガポール自治州となる
1965年　マレーシアより分離、独立
2015年　独立建国50周年

言っています「シンガポールが大阪都構想のカギになるヒントを持っている」と。

シンガポール自体は、実は日本以上の少子化です。高齢化の問題も起こっています。日本よりひどいピッチで深刻です。にも拘わらず、なぜ人口増できてきたのかと言うと、大胆な移民戦略をこの20年間で200万人以上、きわめて戦略的に富裕層や高額所得者、高学歴者の移民だけを選民して輸入してきたんですね。私も輸入されてます。6年前に永住権を取得いたしました。

世界中から多くの選ばれた人たちが移住して、いまシンガポールで生活してます。すなわち違う国のパスポートを持ってる人が3人に1

シンガポールはアジア・オセアニアへのゲートウェイ

- **28億人を超える市場へのアクセス**

飛行時間	人口*(百万)
1 時間	25
2 時間	125
3 時間	241
4 時間	754
5 時間	1,277
6 時間	2,393
7 時間	2,800

→　**シンガポールを拠点に様々な市場へアクセスができるため、多国籍企業拠点が増加。**

人という国がシンガポールなんです。

またシンガポールはよく言われるように地政学的に位置がいい。オーストラリア、上海、東京という大都市が、大体等距離の位置に存在しています。いまや世界有数のハブ空港となったチャンギ空港、そしてシンガポールの港湾は世界一の貨物輸出量です。こんな小さな国がですよ。30億人を超える市場に直接アクセスし、世界中からありとあらゆるものが来ています。

そしてシンガポールは世界中のお金が集まる国です。香港と同じように。そして手数料を取っているんですね。為替と料金の競争を香港でやり続け、世界最安の手数料で物とお金が交換できる、あるいはお金とお金が交換できる国になって、シンガポールは今やアジア最大の金融センターになっています。

そして世界中から人材が集まってきています。なぜか。もちろんシンガポール自体の所得税が安いのと無関係ではありません。

でももっと重要なのはこのシンガポールという国が、多民族のイデオロギーを持っているということです。多くの価値観が共感できる体制があるんです。スタンダードが違うのが当たり前と思うような人々の常識、コモンセンスを共有しているからです。ですので、我々外国人が非常に居やすいんです。居て違和感を感じないんです。だから、移ってくる高額所得者層の人たちは、すごく居心地の良さを感じているんです。

経営の3要素というのは、人、物、金です。シンガポールはそもそも僻地からラッフルズ卿の時代に、物流のハブとして発展しました。その後、政策で金が集まってきて、最後に人が集まるようになった。経営の3要素がすべて集まったシンガポールに、今アジアの株が集中している。世界の多くの企業がここにヘッドクオーターを置き、ビジネスをしています。そしていまや世界の外国人が、外国の企業として外国で最もビジネスをしやすい国になりました。我々日本人にとっても、自由に外資か内資かという区別なく商売ができる国です。

かたやインド、中国もそうですが、東南アジア各国にはしっかりナショナリズムがあります。日本も日本人以外には非常に起業環境の厳しい国ですが、東南アジアも日本と同じように『一国一言語一人種』なんですね。

ＡＳＥＡＮというのは、実は同じに見えて皆、バラバラ。バラバラの言語、人種が違うだけじゃなくて、モノの考え方も宗教も違うんですよ。外資系企業というだけで、様々なハンデを背負っています。すなわちＡＳＥＡＮはどの国も自国の経済人を当たり前に優遇します。外国人や外国企業というのは警戒されていて、そう簡単には進出できない仕組みになっています。

特に人口の多い国は既得権益もたくさんありますし、元々お金を持った人が有利になるよう設計されていますから、外国企業、これはもちろん日本企業に限らずアメリカの会社も中国の会社もヨーロッパの会社も、タイにもベトナムにもフィリピンにもインドネシアにもなかなか進出できないんです。

シンガポールという国は30年以上前から、リー・クアン・ユーさんという建国者が「東南アジア、GDPがこれから増えるから、進出のチャンスがあるよ」「東南アジア、皆、一国一言語一人種なんで、なかなか参入できないよ」と言ってきました。そして、「日本と同じように、参入障壁がたくさんあるよ」と世界にアピールしてきた国でもあります。シンガポールは、ＡＳＥＡＮのその状況を十二分に理解した上で、それをテコの原理のように利用し発展してきたのです。

私は今、そんなシンガポールを拠点に活動しています。

国を挙げて「直接進出するのではなく、外国企業がASEANマーケットで商売しやすい状況をつくってあるから、シンガポールという仕組みを使って東南アジアでマーケティングしませんか?」ということを、30年以上も前からアピールしてたんですね。

一方で、私は世界一外資系企業が迫害されている、あるいは内資すなわち自国民、日本人が経営するのを優遇している国は日本だと思います。

その日本でぬくぬくと外資系資本と競争したことも1回もなく、日広で16年間やってきた私が、シンガポールにわたって思ったことは、これから重要なことは、この外との接点を自ら認識し、公正かつ公平にビジネスができる環境、だから世界中から人と資本が集まってるんだということ、なんです。

そしてもう1つ重要なこと。

シンガポールという国は全員が英語をしゃべります。

幼稚園で英語を教える。またマンダリンというのは中国語ですけど、シンガポールにいるすべての児童（国民）が義務教育によって、英語とそのマンダリンをしゃべります。英語と中国語がしゃべれるとどういうことが起きるかというと、世界の7割の人と直接交流ができるということです。

リー・クアン・ユーは、シンガポールには何もないと言いました。

何もないから、世界につながるしか国を動かすイデオロギーは存在しない、と。

では、どうやって生きていくのか。何もないことを認識して、世界と違うことやってのみ、会社を国を伸ばすことができる。だからイデオロギーを持つべきだ、と言いました。

その最大のイデオロギーは、世界中の人と直接コミュニケーションをする武器を身につけることなんです。

私は英語が下手です。

アメリカでもたくさん仕事をしてきましたが、アメリカ人ってのはですね、アメリカで英語がしゃべれない人間はカス。人間ではないんですね。つまり、異星人、猿の惑星というか、つまり同じ人間とみなされないということになってしまうんですね、アメリカでは。

そして私はシンガポールでずーっと体験してきた中で、シンガポールという国にいて思ったのは、英語がしゃべれない人に対してやさしいんです。

なぜか。ほとんど皆がもともと華人ですからね、無理して英語を勉強ししゃべってきた歴史があるんです。そしてある程度しかしゃべれないことを思いやってくれるんですよ。言葉と言葉の間に冠詞や動詞、接続詞なんかをでたらめでもわかろうとしてくれる。私はそういう意味でもなぜこの国が世界で最も外国人が生活しやすい環境になったかというのは、実は教育にも、理由があったのだと思います。

シンガポールは、私が2008年に移住したとき、人口は370万人ちょいでした。今は540万人ほどです。ASEANのバラバラな環境や状況、ビジネスの仕組み、あるいは物事の決まり方を研究して、ASEANの、オセアニアの gateway にしましょう、と世界に門戸を開き成功してきました。

人為的に、シンガポールという国の仕組みを、世界中のASEANにある企業以外の人たちのためにも開放したのが、シンガポールのおもしろいところです。

ASEANはよく6・5億人と言いますが、シンガポールにはそれ540万人くらいしかいないわけです。じゃあ、それ以外の人はどこにいるのか、と言うと、人口がいる国というのは、先ほど申し上げたようにＧＤＰが急増している国々なのです。

〈売れる量が桁違い〉

インドネシアには今、約2億5000万人の人が住んでいます。だいたい日本の倍くらいの人がいる計算になりますね。

ここ数年、日本で売れているバイクの台数というのは、年約15万台ほどなのですが、インドネシアでは約800万台売れています。

人口は2倍ですが、売れているバイクの台数は50倍も違うんですね。

それはなぜか？　若い人が多いからなんです。

日本は若い人が少ないので、バイクに乗る人も少ない。ですから、カワサキもホンダもヤマハも、日本なんかで宣伝してもしょうがないから、宣伝してないですよね。

でも、インドネシアでは、バイクの宣伝はすごく多いんですよ。

日本は高齢者ばかりですからね。もちろん「バイクに乗ろうかな」という珍しい高齢者も中にはいますが、広告なんかで意思決定をすることはほとんどありません。昔から乗っているホンダのバイクを乗り換えるだけです。

つまり、広告が効かないんです。脳が固まってますから。

ところが、インドネシアは初めてバイクを買う人ばかりなんで、広告が非常に効果を発揮するんですよ。

バイクだけじゃありません。エアコンも車も、テレビも冷蔵庫も、何もかもがすべて新しい消費です。

ＧＤＰが伸びて、生活が豊かになり、新しい消費が生まれるので、今まで買わなかった、そして使わなかったものを買うようになる。

そうすると「エアコンのメーカーって、全部で何社あるんだ？」とか「バイクをつくっているメーカーには、カワサキっていう会社があるんだ」「マツダって、車をつくってる会社なんだな」「へー、ダイキン工業っていう会社がエアコンをつくってるのか」と、そこから学習が始まるんです。

だから、マーケティングはこれからすればいいんです。

ＧＤＰが増えるから、そういうことが成り立つ、ということで「今、アジアへ出て行こうよ」という話をしているのです。

〈外に目を向けろ、成長の尻馬に乗れ〉

ＧＤＰが小さくなっていく、人口が減っていく、ほとんどが高齢者ばかりになる日本。２０５０年に私が生きていれば83歳ですが、そんなところではブランドスイッチは起きません。その頃の日本では、ほとんどの人が昔から買っているものしか買いません。

だからこそ私は、皆さんが将来どんな道を歩むにしても、マーケットが大きくなっているところで「どのようなことをすれば新しく売上げがつくれるのか」とか「新しい商品はどうやって人々に伝えると、ブランドの認知が進むのか」みたいなことを、ぜひ勉強してもらいたいと思っています。

先ほど、皆さんに海外で行けるとしたらどこへ行きたいですか？　と質問したとき「アフリカに住みたい」というやりとりがありましたが、実際ＡＳＥＡＮのＧＤＰが伸び続けるのもあと20〜25年ほどなんですよね。

だから、皆さんの子どもの世代の時には「いやー、ＡＳＥＡＮも今はジリ貧だからね」みたいな状況になっていくことは、人口動態的にもうわかっているわけです。

そういう意味で言うと、やっぱり今旬のＡＳＥＡＮやインドに出て行って、人口の伸びやＧＤＰの伸びとともに、皆さん自身がぜひ成長の追い風に乗って「なるほど『成長の尻馬に乗る』というのは、こういうことだったのか」というのを体感してほしいです。

私自身が、日本のインターネットの成長の尻馬に乗って、２００６年までタタターッと走り抜けていったような感覚がそこにもあるに違いないと思って、今ＡＳＥＡＮに出ていき、日本人の経営視点でスタートアップにアジアの追い風を体験して、増える〝イス〟に座ってもらおう、あるいは、経験を通じて次のブレイクスルーを探してもらおう、ということに挑戦しています。

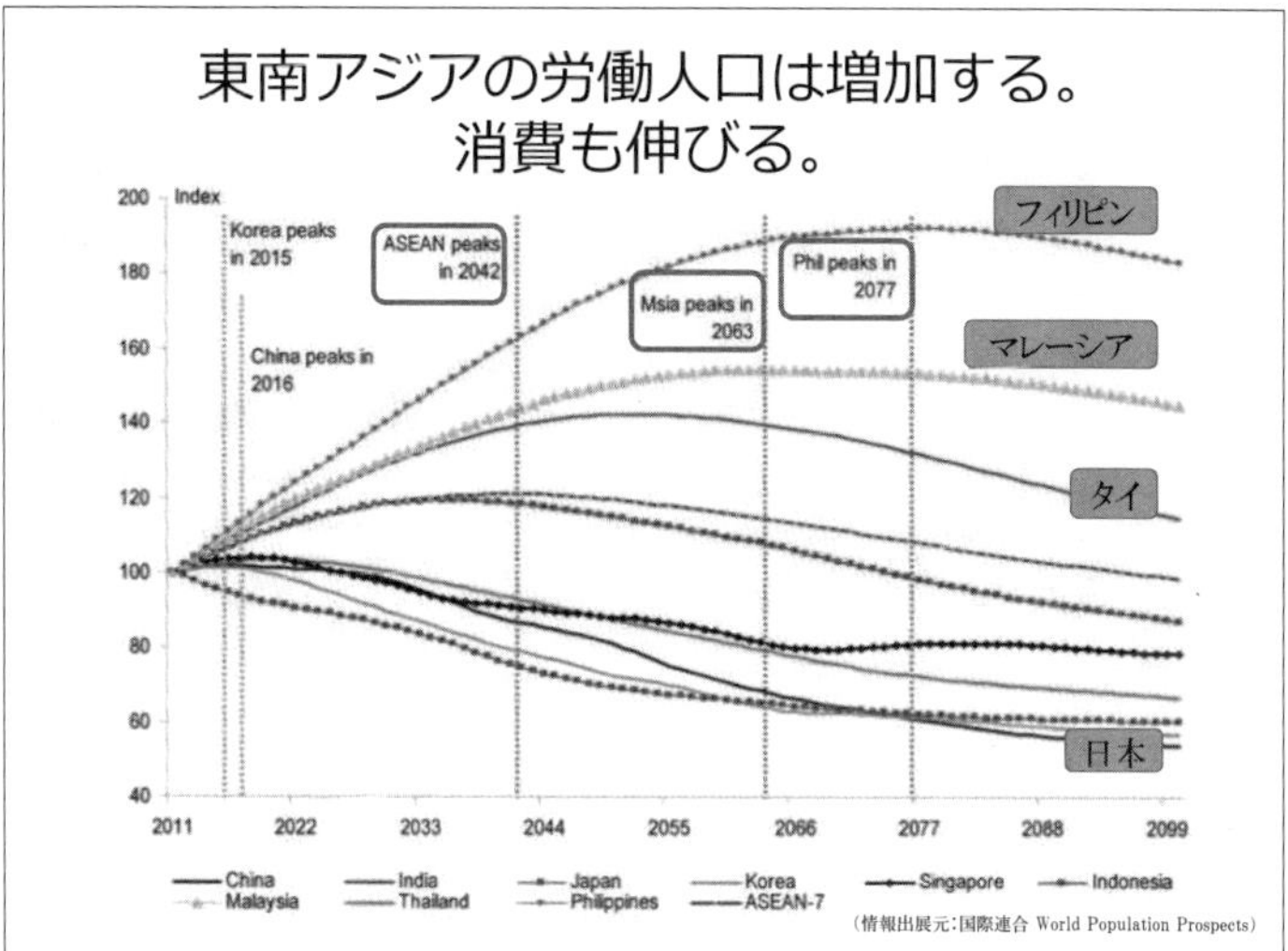

（情報出展元：国際連合 World Population Prospects）

〈資本と経営に参画するエンジェル事業家〉

私は今、日本人がASEANで起こすスタートアップの資本と経営に参画しています。今23社ほどです。すべて日本人が社長で、フォーカスが東南アジアもしくは世界を見ているような企業です。

そして私は今、皆さんに今日の体験を通じて、ちょっとでも「なるほど、ASEANはGDPが伸びているんだ。人口が増えるんだ。〝イス〟が増えるんだ」ということを知ってもらって、ぜひ一歩踏み出してもらいたいと思ってお話しています。

今は、私よりもずっと若い、20代30代の人たちの会社にメンバーとして参加し、資本と経営に参加し、苦楽をともにし、一緒に会社を成長させるということに挑戦しています。そして、ひとりひとりの社長がアジアのウミガメになることを祈念し、

■経営に参画している企業■
●KLab Global PTE LTD Director（KLab 3656.T 子会社）
●Istyle Global Singapore Pte Ltd Director（アイスタイル 3660.T 子会社）
●CrossCoop Singapore PTE LTD Director（ソーシャルワイヤー 3929.T 子会社）
●CrossCoop India PVT LTD Director（ソーシャルワイヤー 3929.T 子会社）
●Langrich Holdings PTE LTD Director（English Central, Inc. 子会社）
●株式会社リバーストン 取締役

■株式を取得し、応援している企業■
●English Central, Inc.
●Asia Africa Investment and Consulting PTE LTD
●LENSMODE PTE LTD
●ゴマブックス株式会社
●株式会社 AMPLE!

そのために粉骨砕身努力しようと思っております。

いくつかご紹介しましょう。

ソーシャルワイヤーは今年で11年目の会社です。私はこの会社に2010年、資本と経営に参画し、アジア各地にてCROSSCOOPという名前で、サービスオフィスのチェーンを拡げています。シンガポールで、ジャカルタで、デリーで、ホーチミンで。今年からバンコクで始めています。日本の企業をアジアへと導く、そして近い将来はアジアの企業情報をアジアで広

■資本(株式取得)と経営(役員として執務)に参画している企業■

●YOYO Holdings PTE LTD　Director
インターネットを低コストで楽しむための広告アプリPopSlideを提供。

●SMS24/7 PTE LTD　Director
SMSを活用した採用ソリューションを、シンガポールから東南アジアへ展開。

●Duckbill Entertainment PTE LTD　Director
アジアクロスボーダーの映像エンタテインメントを制作。

●KAMARQ Holdings Pte Ltd Director
木製家具×IoTであなたの世界を広くする新しいメーカー。

●Mariposa PTE LTD Director
イラストレーター千秋育子を、東南アジアへプロモート。

●Agribuddy LTD　Director
新興国のバーチャル農協。農作物の生産工程管理をクラウドサービスで担う。

●Mercatores PTE LTD Director
日本の美味しい魚をアジアの人に、アジアの人を日本各地に、誘う懸け橋に。

●IKI LINKS Sdn.Bhd. Director
実績ナンバーワンのジョホールバルの日系不動産サービス会社。

●ビットバンク株式会社　取締役
ビットコインカンパニー。取引所と専門メディアを運営。

●株式会社DELLA　取締役
世界最高峰のイタリアンデザインの皮革製品を日本から世界に。

●株式会社S-PAL　取締役
通販物流に特化したロジスティクスサービス企業。三温帯管理に得手。

●株式会社ネクストレージ　取締役
ウォッチシェアという、時計の持ち方の新しいスタイルを提案。

(2016年10月現在)

げていくことを率先してやっていきたいと思っています。２０１５年に東証マザーズへのＩＰＯを果たしました。

ダックビル・エンタテイメントは本社シンガポール本社の映像の制作会社です。日本は子会社になります。２０１３年には私が香港、ソウル、大阪でロケをした『Fly Me to MINAMI ～恋するミナミ』という実写映画を製作いたしました。役者さんも日本人だけでなく、中国の方や韓国の方に出ていただきました。日本はこれまで多くのエンタテインメントのコンテンツをつくってきました。これからは日本でき上がったノウハウをアジアに持ち込んで展開していくということに挑戦したいと思っています。

ＫＬａｂという会社があります。リョーマ、ダイヤルキューネットワークで、私の親分だった真田哲弥さんが経営する会社です。私はいまシンガポールにおく持ち株会社 KLab Global Pte Ltd の取締役です。さて、この会社自体は16年続いていますが、実は昨今急成長中のソーシャルゲームの業界というのはできてからまだ6年しか経っていません。そう、皆さんご存知のＤｅＮＡやＧＲＥＥの業界ですね。

おもしろいのは、KLab という会社の業績は、ずーっと横ばいだったのですが、突然ボーンと上がったことです。２０１１年９月にマザーズに上場して、翌２０１２年５月に８ヶ月という史上最短で東証一部への鞍替え上場を果たしました。

なぜそうなったのか。その理由は単純で、それまで取り組んでいた携帯電向けの各種サイトの制作運営受託を一切止めて、業務をソーシャルゲームに鞍替えしたからです。伸びる波を捕まえて、それに乗ったんですね。

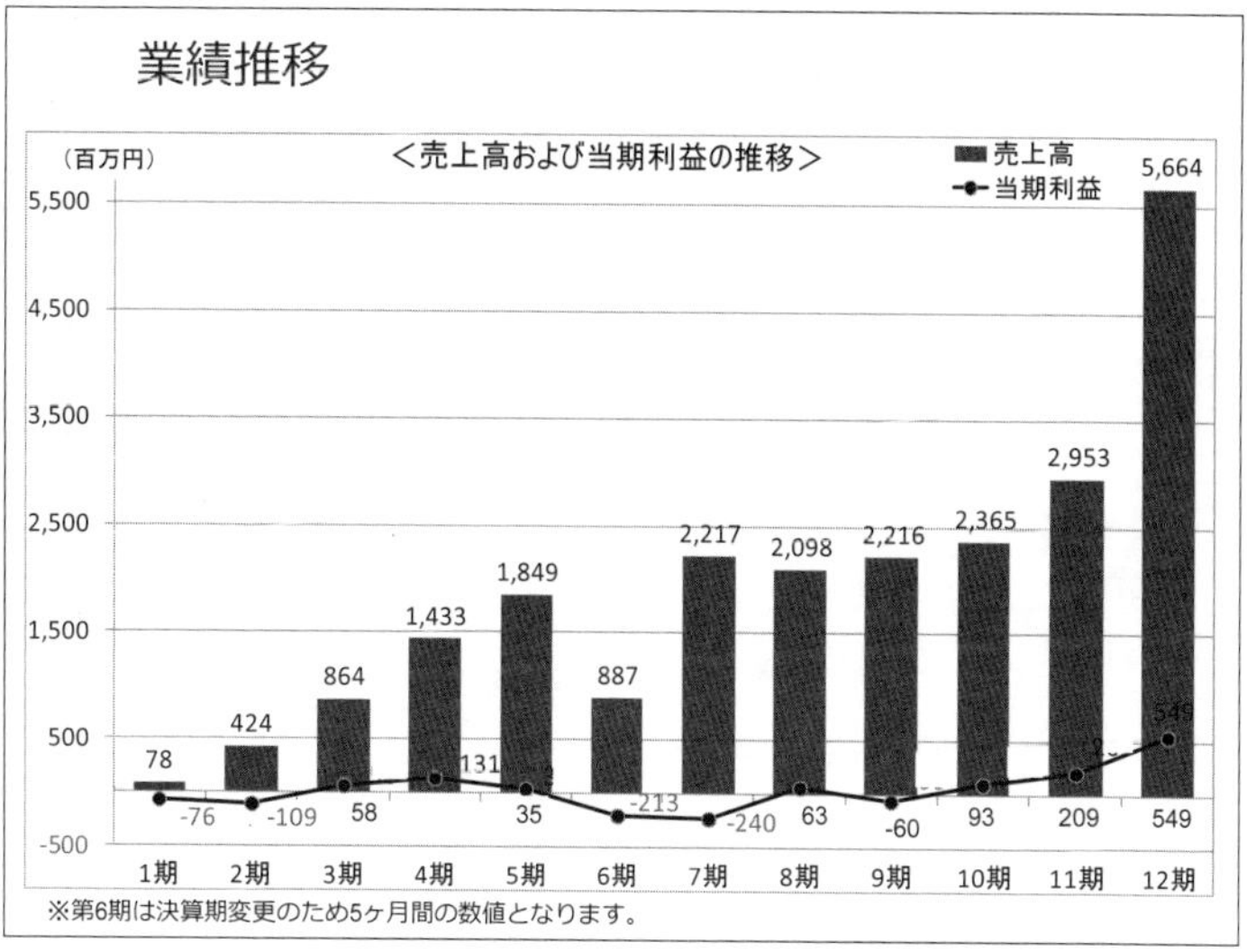

〈成長の波というのは探している人にしか見えないもの〉

私は波をずっと探してきました。波というのは探している人にしか見えないものです。だから、探し続けてることが大事なのです。そしてそれが見つかったときに、タイミングを計り乗ることが大事です。

ＫＬａｂという会社は10年以上、主に携帯電話向けのソフトウェアの開発をしてきました。そんな中、２年前にソーシャルゲームの波が来たときに、すべての商売をなげうってソーシャルゲームに業態を転換しました。そして、いまや売上げの９割がソーシャルゲーム。

なぜそんな大胆なことができたのか、それは真田さんが波を待っていたからです。次の風が来たらつかむということを決めていたからです。

大事なのは、成長の波に乗ろうということを決めていることです。

それは流れ星に似ていると思います。

よく言うじゃないですか、流れ星に願い事を言ったら願いは叶うと。私はほんとにそうだと思います。なぜならば、願い事をいつも反芻している人にしか、流れ星が見えなくなる前に願いを繰り返し言うことはできないからです。

己の願い事をはっきりとわかってない人には、流れ星が見えなくなるまでに願い事を言うことができません。どうなったらこうしよう、あるいはこういう状況をつくろうという人しか、実はそういう状況は活かせないのです。

〈ホーチミンのバイクには、行方などない〉

最後にもう一つ、私の気づきをお話しさせてください。

ホーチミンに行くと、朝から晩までバイクがものすごい量走っています。いまもたくさん走っていますが、もうクルマがだいぶ増えました。私が初めて行った、今から7年くらい前の２００９年、いまの１・５倍は走っていました。

「道路を埋め尽くす」という表現がありますが、まさに立錐の余地もない、狂ったように多くのバイクが走っていたんです。

7年前に初めてホーチミンに行きました。

そして明け方5時半くらいに起こされました、バイクの音によって。

「え？　泊まってる部屋は5階だぞ」、5階までバイクの音がうるさいんですよ。外見たら、まだ5時半なのにものすごいたくさんバイクが走ってるんです。なんやねんと。どこに行くんだと。

その日、現地の人に聞きました。

「今日は朝5時半にバイクの音で起こされました。彼らはどこへ行くんですか？　5時半からバイクに乗っていく工場ってどこですか？」と。

そしたら、彼は笑っていいました。

「彼らは出勤してるんじゃない。朝が来て嬉しいから走ってるんだ。彼らは朝が来たことを喜んでるんだ。会社には歩いて行ってる人も多いよ」と。

え!?　朝が来たから、嬉しい!?

なんだそれ。

と思って、最初は大笑いしてしまいました。

そしてひとしきり笑ったあと、じわじわと泣けてきました。

私はアジアとはそういうもんなんだと悟りました。

ずいぶんと、俺もおっさんになっちゃったんだな、と。

そう言えば、俺も高校生の頃は、週に2、3度はバイクで家の周り走り回ってたわ、と気づいたのです。


人間、年をとると、無意味なことをしたくなくなります。無駄に思うことはしなくなります。


目的のない行動を取りたくなくなります。燃費がやけに良くなります。

やってもいないことを、知ったかぶりして、訳知り顔で評論し始めるのです。


いまアジアの国々にいること自体の目的が、はっきりしなくてもいいんです。

ぼんやりしていてもいい。

そう、バイクに乗って走って、沸騰するアジアの成長の息吹を感じて「ああ生きている」と実感することが、大事なんです。

それがアジアです。

〈異常であることを恐れない〉

今日は皆さん、かなり『異常』な情報が、目から耳から入っています。

でも、一歩この会場を出たら『普通』に戻りかけます。

ここはぜひ熱く、自分にドライブをかけてもらいたいんです。

そして『異常』であり続けることを恐れないでほしいんです。

『普通』になることを怖がってほしい。

思うに『普通』というのは『同調圧力』のことです。皆と違うことを怖がらせるのが『同調圧力』なんですね。


皆さんは若いんです。失敗しても別になんてことないのです。いつもと違う道を帰ればいいんです。

迷ったら、ワクワクする方を選んだらいいんです。

脳が歳を取っていくと、だんだんいつもと同じ道でしか帰らなくなります。

無難なほうを選択してしまいます。

私たちが小学校の頃、毎日違う道を通って、小学校から、塾から帰ったと思います。新しい道を選べば、新しい発見があるからですよね。ホーチミンのバイクです。


歳を取ると、脳が硬直していきます。

脳が硬直すると、いつも同じ行動を取ることに対して疑問を持たなくなるんですよね。脇目も振らず、いつもと同じソースを買う、いつもと同じ選択をする。当たり前のように。もしかしたら、違うビールを飲んだら素晴らしい体験が待っているかもしれない。でも失敗を恐れ、そのチャンスを逃すのです。


私は皆さんの、今日の、いつもとは違う、ちょっと『異常』な行動が皆さんの明日を創るんだ、そう仕向けてやろうと心に決めて、今日はやってきました。

自分が『異常』であることを恐れない、そして『普通』という同調圧力に屈しないように、自分自身のオリジナルな人生を生きてもらいたいと思います。

ご清聴、ありがとうございました。

〈質疑応答〉

〈質問その1〉

加藤さんがいろいろな会社に投資したり、日本人が海外で起業することをサポートされたりしていると思うんですが、加藤さんが目指されているゴールがあれば教えてほしいのです。


私の目的は、日本に刺激を与えることです。

先ほどウミガメの話をしましたけど、ジャック・マーさんやロビン・リーさんとかは、ほんの一握りの人なんですね。

中国からアメリカへ留学している人というのは、毎年7万人います。

それで、もしジャック・マーさんがウミガメだとしたら、その残りの人たちは死んでいるんですね。

皆さん、『ファインディング・ニモ』という映画を見たことがありますか？

そこでウミガメが出てくるんですが、ウミガメというのは、生まれつき広い海を回遊する習性をもって生まれた生き物ですが、本能というかDNAの記憶なのか、生まれた浜に戻ろうとするんですよ、北海道の鮭の遡上のように。

でも生まれた浜に戻ってこれるのって、5000個の卵に対して僅か一匹くらいなんですよ。

しかし、その一匹に意味があるのです。

なぜならば、その一匹がまた大量に産卵するからです。

これは人間の競争にも似ていますよね。

私自身は勝ってほしいと思っていますが、全部が勝つ、全員が勝者になることはあり得ないとも思っています。

じゃあ、その挑戦に意味がなかったかというと、そうではありません。

7万人留学しているから、1人が戻ってきているんです。

つまり、重要なのは〝量〟なんですよ。

私が今、なぜたくさんの会社をシンガポールでつくっているかというと、〝量〟がないと1個が生まれないからなんです。

一人の成功者を産むためには、多くの犠牲が必要なんです。そして、競争が必要なのです。もしこれが一人しか挑戦者がいなければ、その人が負けたらゲームは終わってしまいます。

たくさんの人がアメリカへ留学しているから、ジャック・マーさんのような人が生まれる。

だとするならば、たくさんの成功できなかった人も、まったく意味がなかったとは思えないですよね。

5000個の卵から1個しか戻ってこられない、じゃあ残りの4999個が無意味だったかというと、違いますよね。

移動している間にエコシステムに参加しているんです。別のものに食われたり、あるいは帰ってこなかった、そういう意味でいうと、犬死、無駄死になんていうのはないんです。

皆さん自身が負けるかもしれない、成功できないかもしれませんが、私自身も失敗続きです。

今日、見てもらったように、ろくな人生ではありません。

だけど、さまざまな挑戦をしてきたから、いろんなものが生まれたんです。

負けること自体を恐れてはダメ、重要なのは変わることを恐れることです。

そこが一番ダメなところなんですね。

老いてしまったら、そこにイノベーションはありません。

昨日と違う道を歩いて変えれば、新しい発見をする可能性があります。

だけど、いつもと同じ道を歩いたら、なんの発見もないんです。

保守とはなにか。それは失敗しないこと。

私自身は、だからどんどん挑んでほしいし、負けて意味がないなんて思わないでほしいと思っています。

失敗してなんぼ、なんです。

だって、そこからしか、新しい成功は生まれないからです。

（質問その2）

日本国内というのは規制も多いし、しがらみも多い。マーケットも他のアジア地域に比べて魅力がありません。そうは言っても、今は外国人が入ってきたり、新しい隙間ができてチャンスは生まれてはいると思います。そういったことについて、例えば日本で成功できるようなジャンルだとかいうのはありますか？

私は『シュリンク産業』と呼んでいるんですが、国が縮んでいくことで新しいマーケットがどんどん生まれているというのがあります。

そういうので言うと、最近すごく仲良くしている大阪の友人がいるのですが、ワタミの店舗解約をビジネスにしているんです。どんどん解約が進んでいくのを商売にしている人が実際にいます。

これから人口が減っていくというビジネス、最近でいうと『空き家ビジネス』ですね。

これからモーレツに空き家が出てきます。

このモーレツに増える空き家そのものは、空き家産業でいうと大変成長するわけですね。

だから、成長がポイントであって、空き家が増えること自体をネガティブに捉えるか、それともポジティブに捉えるか、それ衰退と見るか成長と見るか。

皆さん自身が、どこに風が吹いているか、あるいはどっちに月が出ているか、という解釈の問題なんですね。

人口が減ることも、実は大変なマーケットメイキングなんです。

GDPが減ることも衰退が進むことも、皆さんそれを商売にしようと思えば、商売にできるのです。

（質問その3）

アジア全体で見たときに、市場のパイが伸びているというグラフの中からシンガポールを選ばれたのは、外資が入りやすいという理由があると思います。シンガポール以外のところで、一番魅力的な市場というのは、人口の一番多いインドネシアになるのでしょうか？　また、タイという国はどうなんでしょうか？


今一番おもしろくて、成長のスピードが速い国はインドネシアですね。

次はフィリピン、ここも成長速度が速い。

具体的には、GDPの成長の加速が速いところがおもしろいですね、当たり前ですけどね。給料の足し上げに伸び代があるので、例えば今ASEAN、最速はフィリピンで、年に12％という訳のわからん成長率なんですよ。

これ、全員の給与が昨年よりも12％も多くなっているということで、5年で倍になる計算です。

これはもう大変な速度ですよね。

すると、どうなるかというと、新しい消費が生まれるんです。

今まで消費しなかったものを消費するようになる。

で、今マニラで何が起こっているかと言うと150回払いとかでバイクを買ったり、80回払いでスーツを買っているんです。

自分の生活が良くなることを前提にしていて、借金を恐れていないんです。

これは、私の学生時代の日本にそっくりです。

丸井というデパートがありますが、私が大学生の頃は「分割払いで支払わない奴は客ではない」と言っていたんです。これ、本当ですよ。

で、皆、革ジャンを60回払いとかで買っていたんですね。実際に買った人は、私です。毎月2000円か、安いな、と。

訳のわからない勘違いをさせられていたんですね。


今それが、フィリピンで起こっています。

実際にマニラでは百貨店の値札に60回払いの1回分の金額がでかでかと書いてあります。

で、足した合計の金額は、値札のめっちゃ下に「一括払いするといくらです」って書いてあるんです。
これ、1980年代の日本がそうでした。
右肩あたりというのは、そういうことなんです。
実はフィリピンやインドネシアというのは、エンゲル係数がものすごく高いんですね。
だいたい、月の収入の4割くらいを食費に使っています。
ある意味、何も考えていないんですね。
でも、この「何も考えていない」というのが、消費の伸び代なんです。
ですから、当たり前ですけど、外食産業がめっちゃ伸びています。

あと、やはり人口の多い国はチャンスですね。
だけど、人口が多いだけがチャンスではありません。
重要なのは、やはり経済が成長していることです。
経済が成長していて、かつ人口が伸びている国がいけています。
あとは外資規制です。
フィリピン・ベトナム・タイ・インドネシアは今後、外資規制が大幅に緩和されます。

インドはあと5年はかかりますね。

ですから、順番で言うとインドネシア、フィリピン、次にベトナムですね。

タイは今、カントリーリスクがめちゃめちゃ高くなっています。

それに、もう一巡してしまっていますね。

タイが一番面白かったのは、今から15年前くらいの話です。

めちゃくちゃ面白かったんですけど、私がシンガポールへ行ったときには、既にもう一巡してしまっていましたね。

そして逆に今は、新しい問題が生まれてしまっています。

国王問題とか、クーデターが起こったりして、カントリーリスクが高い。

ちなみに、私が設置に関わったサービスオフィスCROSSCOOPはシンガポールでもジャカルタでも圧倒的一番なんですが、なぜ一番になれたかと言うと、一番早く始めたからなんですよ。大規模な会社としては。

だから、マーケットが大きくなっていく過程においては、実は進出のスピードとか成長の角度が、勝てるとても重要なポイントになってくるんです。

いわゆる、黎明期をどうやって押さえるか、ですね。

（質問その4）

マレーシアのジョホールバルが注目されていますが、シンガポールではジョホールバルはどう映っているのですか？


皆さん、深センというところに行ったことはありますか？

深センというのは香港から北にだいたい1時間くらいにある、中国本土の都市で、30年前は人口3万人でした。

それが今では1600万人います。30年で500倍になったんです。

なぜこうなったかというと、1995年に香港が中国へ返還され、それ以降一国二制度となりましたが、それを維持するために香港へ中国本土の人間が入るのを極端に規制したんです。

あまりにもカルチャーやポリシー、そして仕組みが違うので、ドバーッと金持ちがこぞって香港に行かれると、国家が転覆してしまう、ということで、逆に香港経済を中国へ取り込んでいくためにつくられた都市が深センになります。

深センは大変伸びました、地価は1000倍以上になったんですね。

一方で、シンガポールは今、540万人ほどの人が住んでいますが、人口の限界は800万人くらいだと言われています。

そういう意味では、シンガポールが大きな経済圏になることはないんです。

ところが、まだまだASEANの中枢機能みたいなところのスペースが足りないということで、シンガポールの一番マレーシア側にあった一帯を今『イスカンダル計画』と名付けて、ジョホールバルの一角をシンガポールの延長経済圏と位置付けて、大掛かりな開発をしています。

そのことをおっしゃっていると思うんですが、私は6年前に初めてイスカンダルへ行きました。

ジョホールバルの開発地区へ行きましたが、初めは本当に何もありませんでした。

それが今、大変な成長を遂げています。

フィリピンでいうと、フォートポニファシオとかがそれに当たります。

北京でいうと、サンリントンですね。

いわゆるゼロからスクラッチで無理やり街をつくってるんですが、ジョホールバルは結論だけで言うと、かなり伸びると思っています。

ポイントは治安ですが、非常に良くなっています。

私もジョホールバルに家を買いました。自分の勘を確かめるために必要な投資かなと思って買ったんですよ。２０１５年からは、その家とは別に家を借り、シンガポールの自宅と反復横跳びしながら暮らしています。マレーシア自体もジョホールバルを伸ばそうとしていますが、シンガポールも国を挙げて応援しています。

２０２２年には地下鉄が通るので、30分もあればジョホールバルの中心地からシンガポールへ、自由に国境を越えられるようになると言われています。

おもしろいので、ジョホールバルを皆さんぜひ見に来てください。

（質問その5）

海外での起業チャレンジにはリスクもあるわけですけど、そのリスクをケアするのは社会保障なのか、逆にもっとリスクをアピールするいまのような生々しい情報なのか、もっと人がチャレンジしてくには何かが足りないと思っていますか？

私がシンガポールへ行ったのは41歳の時ですが、ある程度お金があったというのと、家族の理解があったというのがありますね。

これは残念ながら、刻一刻と老いていくものでして、抗うことはできないんですね。

で、私がなぜ商売を始めたかというと、前にもお話ししたように、19歳から会社をぼこぼこつくったり、事業を新しく始めることが当たり前の環境にいたからなんですね。

環境が人をつくるんです。

これが常識なんだ、と言われれば、おかしなことも常識なんですね。

だから、親の教育とかはすごく大事です。

私は19歳から25歳まで、学生ベンチャーとか起業するとか事業をつくるとか、そういうのが当たり前の世界にいたので、25歳で会社をつくることになんのためらいもありませんでした。

皆さんが何に囚われているかというと、実は過去の経験から裏付けられています。

あとは『老い』ですね。

歳を取れば取るほど、変えることを恐れるようになります。

歳を取れば取るほど、挑戦しにくくなるんですよね。

私は41歳でシンガポールに出たので、もうネイティブスピーカーになったり、英語で話をすることには諦めています。

あと10年早ければ、もしかしたら違うふうになれたかなと思っています。

そういう意味で言うと、挑戦は早ければ早いほどいいと思っていますし、自分自身はそれを防げる何かがあるとするならば、それは守るべきものが多くなっていくことですね。

挑戦するのに一番楽なのは、守るべきものが少ないことですね。

自分一人であれば、私は自分一人で行ったんですけど、例えば社員が5人いたらしんどかったと思いますね。

ある意味ラッキーだったのは、日広という会社を経営していたら絶対にシンガポールへは出なかったということです。

私は『会社を売る』という人生最大の試練を自分は味わって、何もなくなってしまいました。

しかし、何もなくなったから、シンガポールに出られたのかもしれないんですね。

もしそのまま、日広を経営してたら、おそらくリーマンショックで潰れていたと思います。

ある意味、会社を失ったことが、シンガポールへ出た大きな理由、そしてきっかけになりました。


ですから、ないことはむしろいいことなんですね。

寄って立つものがあればあるほど、捨てるのが難しくなります。

なぜバンダイナムコが、セガサミーが、ソーシャルゲームに賭けなかったのか。

ミクシィのモンストですか、そのワンタイトルで時価総額の伸びが２０１４年では一番の会社になりましたよね。

セガサミー全体よりも、ワンタイトルで企業価値を越えました。

しかし、バンダイナムコやセガサミーからは、そういったタイトルは生まれません。

なぜか？　それは、守るべきものが多すぎるんです。

守るべきものが多すぎる人からは、イノベーションは生まれません。

従業員の数が何人いるとか言っているところは、新しい挑戦はできないんでしょうね。

年商が24億円もあると考えるか、24億円しかないと考えるか、従業員が90人もいると思うか90人しかいないと思うかは、心のありようなんですね。

こんなに小さいのだから全然大丈夫だと思うか、こんなにいるのだから変えることはできないと思うかは、皆さんの心のありようの問題なのです。

私はなんとも言えません。

でも、挑戦というのは、そもそも捨てる勇気のことですよね。

現状を捨てる勇気というのを、挑戦というのです。

（質問その６）

数多くの起業家の方とお会いしてきていると思うのですが、その方々に共通するのっていうのは、血が滾るような性格なのか、未知なるものに挑戦しようとする探究心なのか、共通しているＤＮＡみたいなものがあるのかなと推測しているのですが、もしそういうのがあるならば、それは学生時代までに、日本でいう大学なのか、そういうところまでで調整されるものなのでしょうか？

私はたくさんの起業家に投資していまして、８つの会社が上場しましたが、実に面白いことがあります。

８つの会社のうちの６つが、私が出資した段階の時の商売と、上場した時の商売が違うんですよ。

つまり『ピボット』しているんです。

事業の内容を変えることを『ピボット』と言います。

オリコンダイレクトデジタルという会社はもともと、チャート分析会社でしたが、上場した時は着メロの会社に変わっていました。

DeNAは、私が出資した段階ではオークションの会社でした。しかし上場した時にはゲームのプラットフォームの会社に変わっていました。

ザッパラスという会社も、面白ヤング向けコンテンツ会社だったんですけど、上場した時は占い専業の会社に変わっていました。

つまり、商売の内容なんていうのは、変わっていくものなのです。

そもそも創業期というのは、その商売の間尺でできるものしかできません。

リョーマという会社は、その後なくなりましたが、なぜ運転免許合宿の商売をしたかというと、少ない資本でできたからなんです。

だから、出資した段階では少ない資本しかないので、そもそも少ない資本でできる商売と、事業が大きくなった時にやるべき商売というのは違うんです。

だから、今までこの商売に血道を挙げて頑張ってきたのでやめません、というのが正しいかどうかは、私にはわかりません。

むしろ、商売の内容よりも、私がいつも見ているのは、その人の視線です。何を見て商売をやっているのか、商売の目的を見ています。なぜあなたはその商売をしているんですか、商売を通じて何を実現しようとしているんですか、と。

ＤｅＮＡの南場さんとかはすごくおもしろい方で、最初から「インターネットが世の中を変える」とおっしゃっていたんですね。で、この人はオークションで上手くいくかどうかはわからないけれど、なんか世の中を変えてくれそうだと思って投資したんですね。

経営者の視線はどこを見ているのか、私はいつもそこを見ています。で、そこにおいてすごく大事なのは「メガトレンドをどう解釈しているか」というところなんですね。

つまり、重要なのは、世の中を変えることはできない、という事実なんですね。日本の高齢化を変えることは、我々にはできません。アジアの成長を止めることは、あなたにはできません。

アジアは絶対に成長するんです。

つまり、変えられるものと変えられないものがあって、変えられない事実があなたをどう動かしているのか、というのを見ています。


大事なのは『大局観』なんです。

どういう大局観があって、何が変わらないものとして厳然としてある中で、あなた自身はそこに身を置いてどこを見ていますか、と。

で、そのメガトレンドを正しく解釈していることと、その人が事業を通じてどんな価値を産もうとしているか、というのを見て投資しています。

そこに納得できれば、商売そのものの内容がコロコロ変わることについては、さほど問題ではないと持っています。

なぜならば、商売というものはコロコロ変わるものだから。

でも、その人の目線が正しければ、その目線のベクトルの中で、その違う商売に変えていくことに関しては、あとから見ればほんの誤差でしかなかった、ということがわかります。

ですから、経営者、経営チームが非常に大事ですね。

その志が、できれば異能の人材が集まって経営チームをなしてほしいと思うんですが、異なった資質を持っている人、得意技の違う人、そもそもバックボーンの違う人が、よってたかって一つの方向を見ているところに、私は美しさを感じます。

ですので、私がいう経営チームというのはＭＡＸ３人くらいなんですけど、経営者、もしくはナンバー２、ナンバー３の子たちが、できるだけ異質の人が集まっていて、一人ひとりができないことを、ある意味ハーモニーで実現していく中で、３人がどこを見ているか、という部分をいつも見ています。

そして、その裏付けに正しい歴史観や正しい大局観があるか、というところを結構見ていますね。

メガトレンドは変えることはできないからです。

高齢化は変えられないし、スマホ化の流れは変えられないし、世界中が金持ちになっていく中で日本はどんどん人口が減ってＧＤＰが減るというのは変えられないんですね。

正しいメガトレンドを把握していることが、正しい広報性を見出す唯一のヒントだと思っています。

ですので、マクロの数字はものすごく大事です。
マクロの数字は、読み違えないようにしてほしいと思います。

あとがき

このたびは、本書をお買い求めいただき、まことにありがとうございました。

最近知った言葉に、『ピーク・オイル』という言葉があります。

これは「石油の産出量が最大となる時期・時点のこと。この時期を過ぎると、石油の産出量は減少の一途をたどる。」ということなんだそうです。

この概念はM・K・ハバート氏が1956年に米国石油学会で発表した論文上の予測モデルの中に現れていたそうなんですが、国際エネルギー機関（IEA）の2010年の発表によると、世界の在来石油の生産量は、なんと2006年にピークを迎えていた可能性が高い、との報告書を発表しています。

え!? ライブドア・ショックのあった2006年ですか、そうですか。

すなわち日本の国の人口が、ＧＤＰが、ダウンサイドに反転した年と、世界の石油生産量のそれと一致していたということなんです。

うーむ……これも世界レベルで新しい潮流、新しい秩序を迎えたという意味でのメガトレンドだよなぁと感じたりしつつ、このあとがきを書いております。

本書は、２０１０年から今日まで6年間、１００回以上取り組んできた『若者よ、アジアのウミガメとなれ』と名付けた講演を主に講演の記録（音声、ビデオ、講演録）を再構成したものです。実際に本書に収められたすべてのコンテンツを講演において一度に喋るとなると、おそらく4時間は必要になると思います。後半に掲載されている質疑応答（文字起こし）の長さだけでも20分ありました（笑）。

この講演録は２０１３年3月に、ゴマブックスから発売された『講演録　若者よ、アジアのウミガメとなれ』の改訂版です。当初は、20年来の友人でもあるゴマブックス社長の嬉野勝美さんの薦めにて、電子書籍、プリント・オン・デマンドでの発行の運びとなりました。

版元のプロモートもあり、同書は発売日当日の3月25日及び26日、Amazon Kindle ベストセラー総合一位をマークいたしました。また翌2014年7月16日と17日には、24時間限定の推奨書籍に選出され、再び Amazon Kindle ベストセラー総合一位となりました。お陰様で同書は、今日までの3年半、プリント・オン・デマンド版とあわせて1万部を超えるロングセラーとなっています。

この改訂版は、ゴマブックスの熱い編集者である横田靖さん、平部健一さん、下村英佑さんの御尽力なくしては日の目を見なかったものです。

また2016年6月12日に開催されたネットメディアウェブマガジン「アセナビ／ASEAN WORK NAVI」主催のイベントの録音を、AWAYの原田甲子郎さんが書き起こしていただいたものも、本書の随所に使用させていただきました。この場を借りて御礼申し上げます。

講演そのものは、2011年4月にネットメディア Techwave に掲載された、拙コラム『若者よ、アジアのウミガメとなれ』をベースとし、時代そして小生の考えの変化にあわせて、味付けを微調整を繰り返し、今なお年に10~15回はさせていただいています。当時のTechwaveの編集長だった湯川鶴章さんからは嬉野さんに先立ち、この講演をベースとした単著の発行を強く奨めていただいておりました。

ご覧いただき光栄です。これをご縁に、アジアのどこかにて、お逢いできますことを楽しみにしています。

2016年10月15日

加藤順彦

【これまでの経歴】

1986.3 ～ 4	大阪府立箕面高等学校を卒業し、関西学院大学商学部に入学
1868.11	運転免許合宿斡旋のマイライセンス創業に参加 (翌年6月　株式会社リョーマに改組)
1988.10	株式会社リョーマ　取締役に就任
1990.11	株式会社ダイヤルキューネットワーク入社　CM事業部　部長
1991.3	関西学院大学商学部卒業 卒業論文（森泰博教授ゼミ）は、「六大企業集団、財閥の研究」
1991.6	営業譲渡により、株式会社徳間インテリジェンスネットワークに転籍
1992.8	有限会社日広（現 GMO NIKKO 株式会社）創業。代表取締役
2006.4 ～ 2008.3	米 Ogilvy & Mather のデジタル広告部門、Neo@Ogilvy（日本法人）を NIKKO との合弁会社として設立。取締役
2008.7 ～ 8	NIKKO の GMO インターネットグループ傘下入りに伴い取締役を退任し、シンガポールへ移住。
2009.4	関西学院大学商学部　非常勤講師（～ 2013.3、2015.4 ～）
2010.5	シンガポール　永住権（Permanent Residence）取得。
2011.5	42日間9カ国の世界一周ツアー。
2012.11	シンガポールで開催された第四回和僑アジア大会にて基調講演。
2013.2	『シンガポールと香港のことがマンガで3時間でわかる本』(明日香出版社）を上梓。
2013.12 ～ 2014.1	企画・製作総指揮を務めた劇場用映画『Fly Me to Minami ～恋するミナミ』が東・名・京阪神の7劇場にてロードショー公開。
2014.10	関西学院高等学部商科開設百周年記念として、本学商学部にて学術講演。
2015.4	マレーシア　MM2H（長期滞在）ビザ取得。

<著者プロフィール>

加藤順彦（かとう　よりひこ）

1967年生まれ。大阪府豊中市出身。関西学院大学在学中に（株）リョーマ、（株）ダイヤルキューネットワークの設立に参画。（株）徳間インテリジェンスネットワークを経て1992年、有限会社日広（現GMO　NIKKO株式会社）を創業。2008年、NIKKOのGMOインターネットグループ傘下入りに伴い退任しシンガポールへ移住。2010年、シンガポール永住権取得。2015年、マレーシアMM2H（長期滞在）ビザ取得。

移住前は個人エンジェルとして、日本国内30社超のスタートアップの第三者割当増資に応じるとともにハンズオン支援してきた（うち8社はその後上場）。
現在はシンガポールにて日本人の起こす企業の資本と経営に参画している。

主な参画先は、ホームIoTのKAMARQ、新興国のオンライン農協AGRIBUDDY、ビットコイン事業のビットバンク、ASEANでの採用ソリューションSMS24/7、通販物流受託のS-PAL等。
著書に『シンガポールと香港のことがマンガで3時間でわかる本』（明日香出版社）

若者よ、アジアのウミガメとなれ
講演録

2016年12月10日　初版第1刷発行
2016年12月25日　　　第2刷発行

著　　　者／加藤順彦
発　行　者／赤井　仁
発　行　所／ゴマブックス株式会社
〒107－0062
東京都港区南青山6丁目6番22号
印刷・製　本／みつわ印刷株式会社
カバーデザイン／またねデザイン株式会社
本文ＤＴＰ／平林隆一郎

ISBN978-4-7771-1856-4